ケンさん、イチゴの虫をこらしめる

「あまおう」栽培農家の挑戦！

谷本雄治

イチゴハウスへ ようこそ！

ここが「ケンさん」こと、樋口賢治《ひぐちけんじ》さんのイチゴハウス。
2万近いイチゴの株《かぶ》がずらりとならぶ毎日の仕事場だ。

赤く熟《じゅく》した「あまおう」

ケンさんと「あまおう」

ケンさんが栽培《さいばい》するのは大つぶの「あまおう」という品種だ。その名前には、赤い、丸い、大きい、うまいという意味がこめられている。

イチゴハウスの前に立つケンさん

授粉《じゅふん》で大活躍《だいかつやく》のミツバチ

ハウスの中で作業をするケンさん㊧と両親。高設栽培《こうせつさいばい》なので、こうしていすにすわったままでも仕事ができる

イチゴ栽培《さいばい》の1年

イチゴ農家の仕事には、終わりがない。病気にならない工夫《くふう》をして育てた苗《なえ》をハウスに定植し、害虫に気をつける。枯《か》れた葉をとったり、太陽の光が実によく当たるようにしたりする、毎日の世話も欠かせない。

子株《こかぶ》を切り
はなす

苗《なえ》は夜冷庫《やれいこ》に入れて、季節をかんちがいさせる㋪

＊年による変動があるので、一応の目安として示しています。

つぼみが赤い実になるまでⒽ

赤く色づいたもの
から収穫《しゅうかく》するⒽ

つみ取ったらいったん、コンテナに入れるⒽ

コンテナのイチゴは
ひとつずつパックに
詰《つ》めていくⒽ

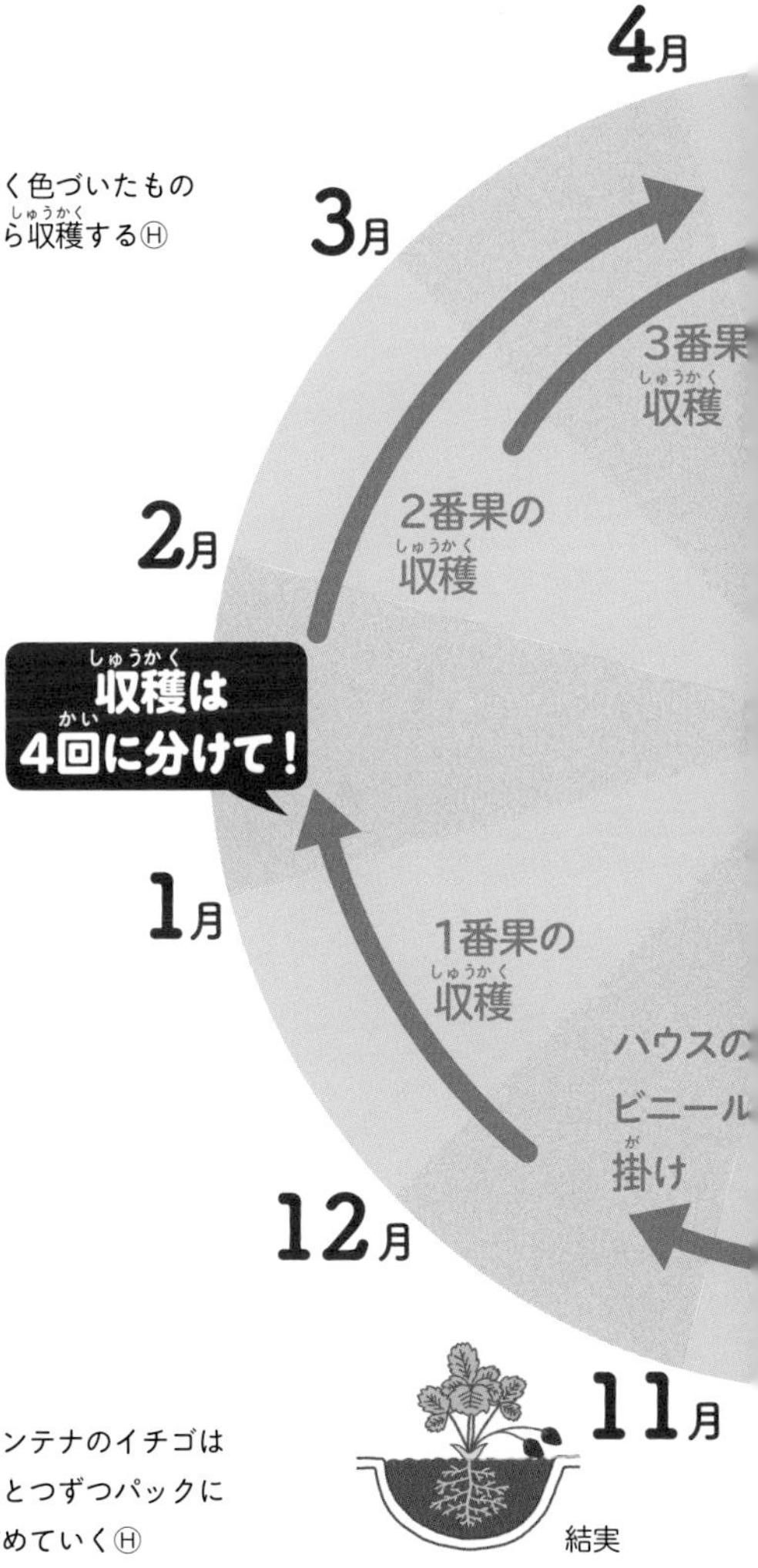

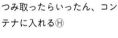

害虫とのたたかいは毎日の観察から

「天敵《てんてき》は、はたらいているかな……」。
ケンさんは、片時《かたとき》もルーペをはなさない

愛用《あいよう》するのは
折りたたみ式の
ルーペだ

害虫の天敵《てんてき》となる生きものを
「生きている農薬」として使う秘《ひ》けつは、
虫をよく観察すること。
そこが化学農薬とのいちばんのちがいだ。

病気や害虫の発生した株《かぶ》がすぐにわかるように、色分けした３種類の旗を使う

アブラムシは黒い旗、うどんこ病は白、ハダニは赤

＼イチゴハウスの／

天敵《てんてき》対害虫

ナミハダニⒽ

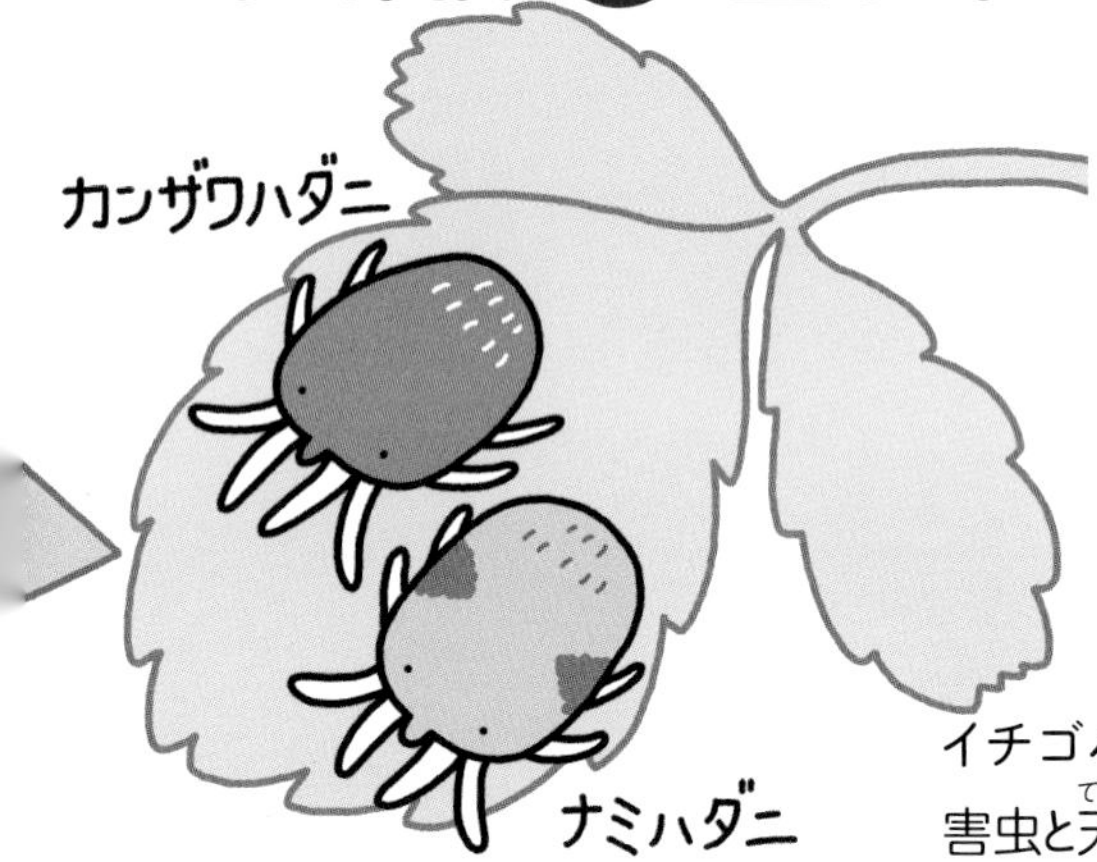

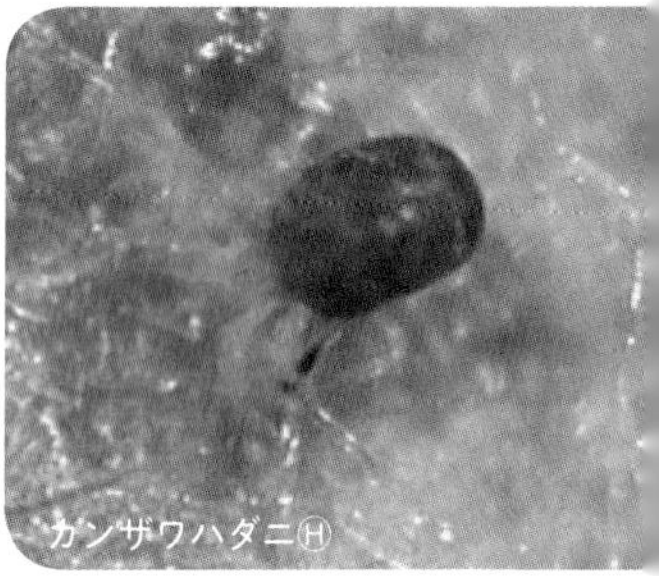
カンザワハダニⒽ

イチゴハウスの中では常に、害虫と天敵《てんてき》生物のたたかいがくり広げられている。人間の目にはほとんど見えない、ミクロの世界の争いだ。

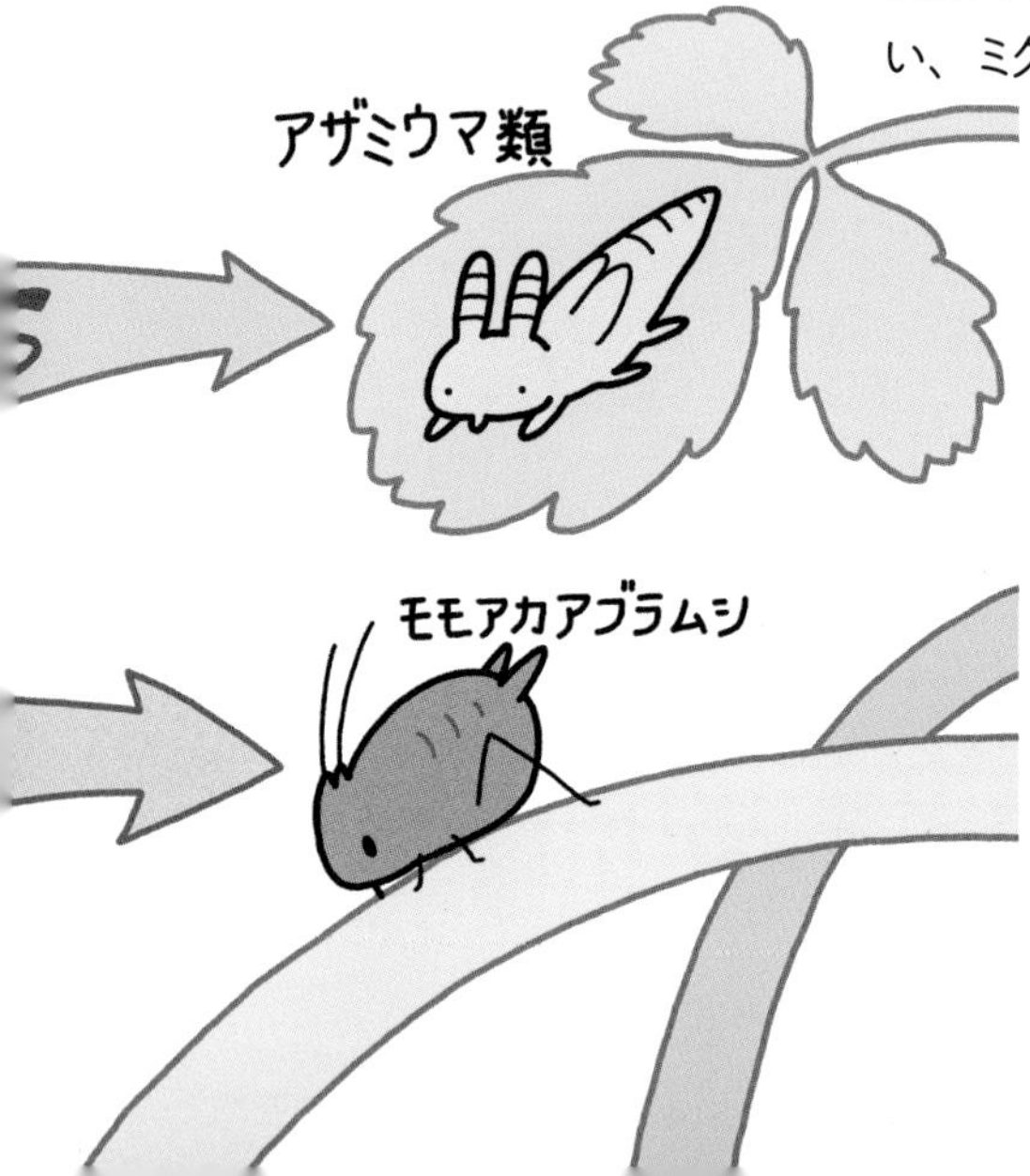

アザミウマの仲間Ⓐ

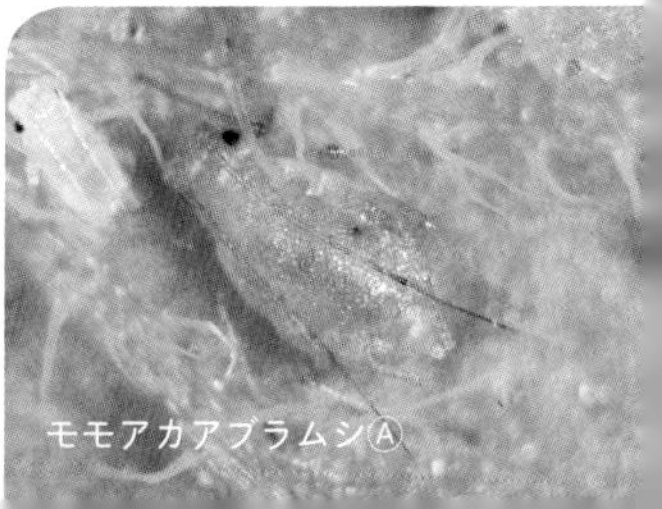
モモアカアブラムシⒶ

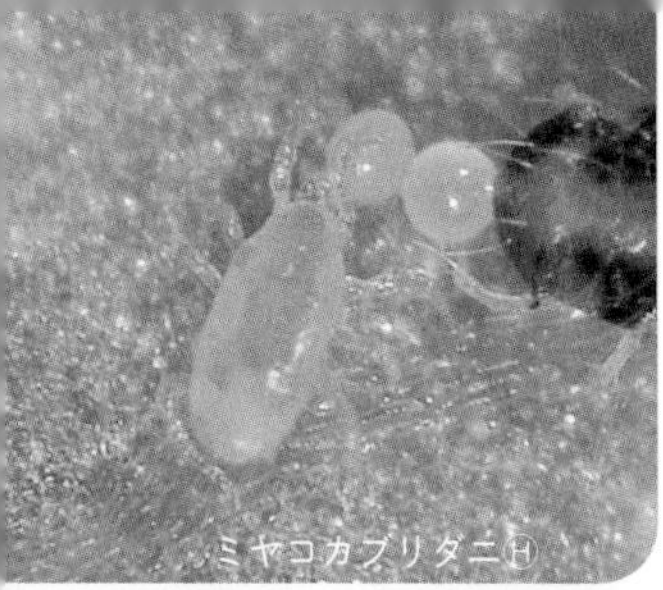
ミヤコカブリダニⒽ

チリカブリダニⒽ

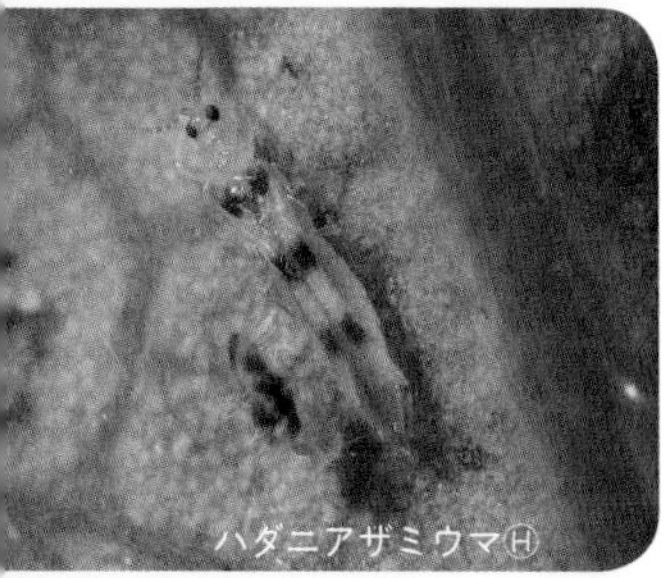
ハダニアザミウマⒽ

リモニカスカブリダニⒶ

ククメリスカブリダニⒶ

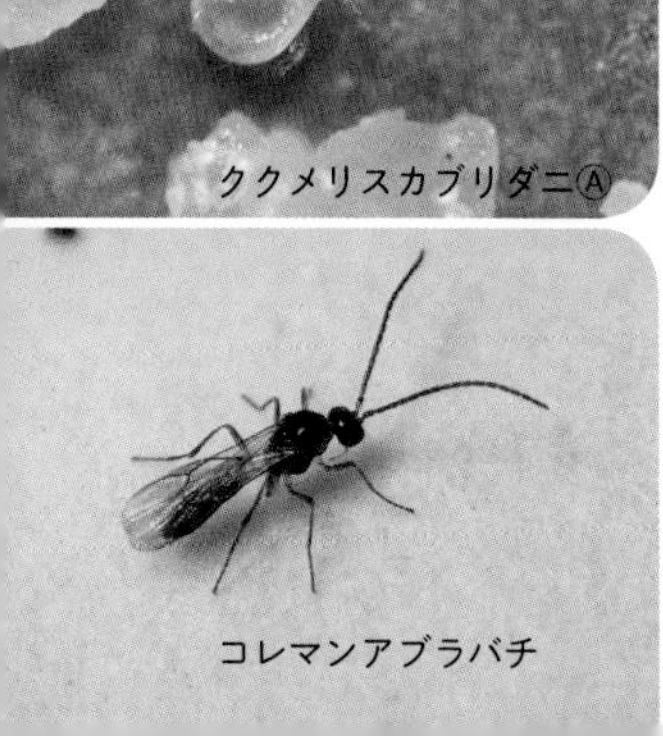
コレマンアブラバチ

1 ムギクビレアブラムシが小麦のプランターでふえる

2 ムギクビレアブラムシにコレマンアブラバチが寄生《きせい》！

バンカープランツ法

イチゴには害のないムギクビレアブラムシを放した小麦で天敵《てんてき》のコレマンアブラバチをふやし、ふえたハチがハウスに広がって、イチゴのアブラムシをやっつける。銀行（バンク）にあずけたお金が利子を生むようなしくみで、かんたんに「バンカー法」と呼《よ》ぶことも多い。

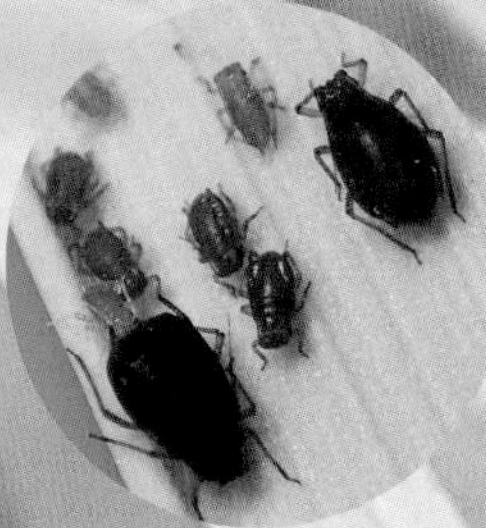

イチゴには害のない
ムギクビレアブラムシ

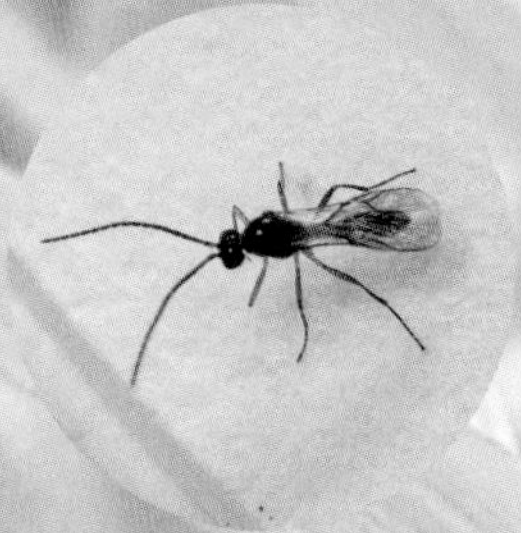

アブラムシに寄生《きせい》する
コレマンアブラバチ

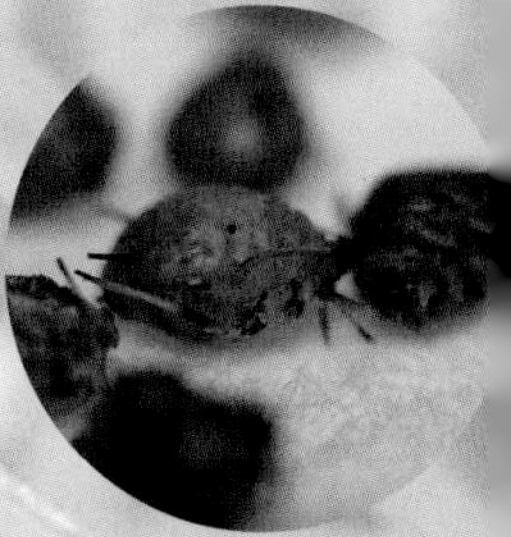

寄生《きせい》されて張《は》りぼての
ようにふくらんだアブ
ラムシは「マミー」と
呼《よ》ばれる

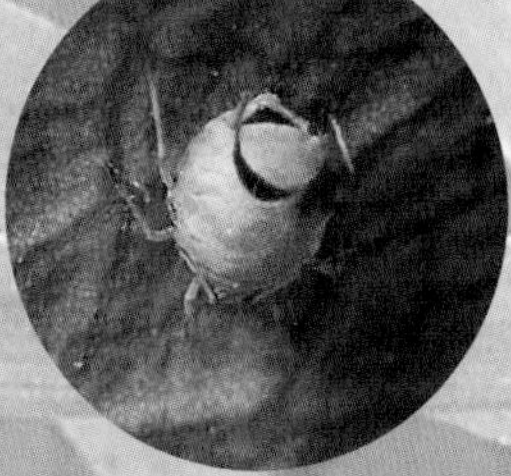

コレマンアブラバチが
羽化して出たあとのア
ブラムシ

3 次つぎとハチがかえる

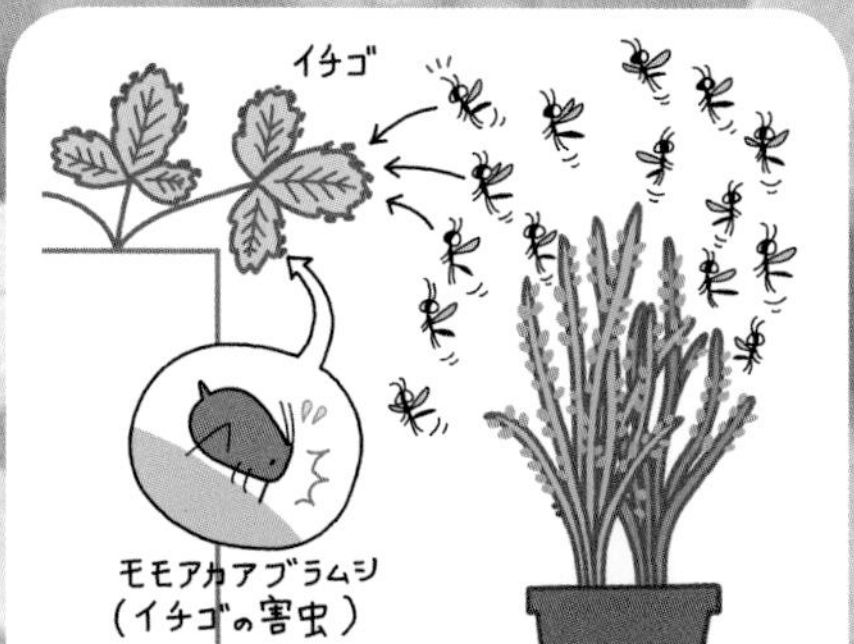

4 ふえたハチが、イチゴの
アブラムシを攻撃《こうげき》！

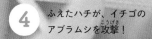

どんどん広がる ケンさんの活動

いそがしいイチゴ栽培《さいばい》の合間をぬって、ケンさんの活動の輪はどんどん広がる。なにごとにも全力でぶつかるのがケンさんのやりかただ。

学校の出前授業《じゅぎょう》では〝先生〟になるⒽ

「ガッツ米」の手書きちらし

「ガッツ米」の田植え。子どもたちには貴重《きちょう》な体験だⒽ

子どもたちに、イチゴができるまでについて話すケンさん（右端《みぎはし》）Ⓗ

たのまれて受け入れたイチゴ狩《が》り体験Ⓗ

校舎《こうしゃ》の前でケンさんの説明に耳をかたむける子どもたちⒽ

大きな音と白いけむりも話題になるポン菓子《がし》づくりⒽ

ポン菓子《がし》は大人気。あっという間に売り切れたⒽ

箱詰《はこづ》めしたイチゴを手にしてほほえむケンさん

もくじ

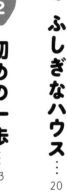

1 ふしぎなハウス

ブーン、ブーン。

みどりの葉が広がる園芸ハウスの中を、ミツバチが何匹《なんびき》も元気よく飛びまわります。

めざすのは、白くてかわいいイチゴの花です。みつを求めてあっちへ行ったり、こっちへ来たり。休むことがありません。

ミツバチがみつを吸《す》うと、体に花粉《かふん》がつきます。その花粉《かふん》がほかの花に運ばれて、まっかなイチゴが実ります。

ここは福岡県八女市《ふくおかけんやめし》。一月がそろそろ、終わろうとしていました。

ハウスで育てているのは、「あまおう」という品種です。「赤い宝石《ほうせき》」とでも呼《よ》びたくなる大つぶのイチゴです。

「もうすこし摘《つ》んだら、休みにしようよー」

はなれたところでイチゴを収穫《しゅうかく》する両親に声をかけるのはひぐち農園の代表、樋口賢《ひぐちけん》治《じ》さんです。親しみをこめて、「ケンさん」と呼《よ》ぶことにしましょう。

「おう。そうするかあ」

「わかったわー」

いそがしいときには夜明け前の午前四時ごろから、ヘッドライトをつけて仕事をします。ケンさんがイチゴ栽培《さいばい》を始めて、十八年になりました。

イチゴの実は、株元《かぶもと》からのびてきたつるの先にできます。最初にできる実が一番果です。そしてそのあと、二番果、三番果、四番果と続きますが、たいていは四番果でその年の収穫《しゅうかく》を終えます。ケンさんのハウスでは、二番果の収穫《しゅうかく》が始まったばかりでした。

イチゴもかつては、ダイコンやキャベツ、ハクサイなどと同じように、雨や風の当たる畑で育てていました。しかしいまは、ガラスやビニールを張《は》った園芸ハウスで栽培《さいばい》するところがほとんどです。

育てかたもずいぶん、変わりました。作業しやすい高さに台を組み、その上に置いた雨どいのようなものに土や植物のせんいを入れて育てる人がふえました。農家の人たちはそれを、「高設栽培《こうせつさいばい》」と呼《よ》んでいます。イチゴをつくろうと決めたとき、ケンさんはそのやりかたを選びました。

「高設栽培《こうせつさいばい》だと、作業をするときに腰《こし》を曲げなくてすむ。だから、疲《つか》れにくいんだ」

立ったまま作業することになりますが、腰《こし》をかがめるのにくらべると、ずっと楽だそうです。

いまの農業はおもに、お年寄《としよ》りが支《ささ》えています。そのため、若《わか》いときにはなんでもなかった作業を続けるのがつらくなっています。イチゴの高設栽培《こうせつさいばい》は、そんな中で生まれた発明品のひとつといえそうです。

七十代の農家は、めずらしくありません。八十代だって、がんばっています。四十代のケンさんは、農業の世界ではまだまだ若者《わかもの》です。

高設栽培《こうせつさいばい》は立ったままで作業する。腰《こし》を曲げなくていいので、疲《つか》れにくい

でも、ケンさんだって、年をとります。この先もずっと続けることを考えると、すこしでも楽なほうがいいはずです。

それにもうひとつ、高設栽培《こうせつさいばい》にするといいことがあります。畑で育てるよりもずっと高いところで実がなるため、太陽の光がよく当たります。

畑で育つ株《かぶ》は大ぶりになって、葉を広げます。そのため風通しが悪くなり、しっかりした実になりにくいようです。

高設栽培《こうせつさいばい》だと、それがさけられます。風がよく通り、かたくて日持ちのする実をとることができます。

イチゴは、トラックで運ぶときにとても気をつかいます。ゆれることで表面にきずがついたり、いたんだりするからです。

温度が高い時期は、なおさらです。高設栽培《こうせつさいばい》で育てたかたくしまった実なら、すこしぐらいのゆれには耐《た》えてくれます。

高設栽培《こうせつさいばい》では水や肥料《ひりょう》のやりかたも、畑の場合と異《こと》なります。雨水に頼《たよ》るのではなく、細いホースのようなチューブを通してあたえています。

人間でいえば、病院で点滴《てんてき》をするようなイメージでしょうか。イチゴの生育に必要な量がすこしずつ、ぽたり、ぽたりと出てくる感じです。

しかも、あらかじめ設定《せってい》した時間になると機械が自動的に、チューブに流してくれます。そのぶん手間が省けるため、農家の人はほかの仕事をすることができます。


ハウスでは、収穫《しゅうかく》作業が続いています。

ケンさんがポケットに手を入れました。

取り出したのは、折りたたみ式のルーペのようです。

それを目に当てました。

「やあ、いるいる」

なんだか、とてもうれしそうです。

いったい、なにを見ているのでしょう？

その答えは、ハウスの入り口近くにあるプラスチックの小さなボトルが教えてくれました。

イチゴ栽培《さいばい》では、ハダニ類がいちばんの害虫です。そんなハダニたちをやっつける、特別なダニが入っていた容器《ようき》です。

かんたんにいうと、ダニを食べるダニだそうです。イチゴ栽培《さいばい》のサポーターみたいなダニを、ケンさんは三種類も使っています。

一般的《いっぱんてき》に、ダニにはいいイメージがありません。野山のマダニは、人間の命にかかわる病気を運びます。家の中で見つかるチリダニは、アレルギーを引き起こす原因《げんいん》になっています。

それなのにケンさんはわざわざ、ハウスにダニを入れます。しかも、お金を出して買うものです。

そんなダニが売られていることも、イチゴ栽培《さいばい》で使われていることも、ほとんどの消費者《しょうひしゃ》は知らないでしょう。イチゴ農家はさすがに知っていますが、実際《じっさい》に使う人は多く

真剣《しんけん》なまなざしでルーペをのぞくケンさん

イチゴ栽培《さいばい》で困《こま》る
害虫がハダニ類だ

ありません。害虫をやっつけるなら、化学農薬を使えばいいと考える人が多いからです。農薬をまけば、害虫は死にます。でも、同じものを何度か使っていると、効《き》き目《め》がだんだん薄《うす》れてきます。害虫に、その農薬に耐《た》える力がつくからです。するとさらに強い農薬、もっとよく効《き》く農薬が必要になり、それがくりかえされます。

ケンさんのハウスには三種類のダニだけでなく、イチゴの受粉《じゅふん》を手伝うミツバチや、アブラムシをやっつける小さなハチも入っています。そうした虫たちはいわば、イチゴ栽培《さいばい》のおうえん団《だん》です。彼《かれ》らのおかげで、農薬が減《へ》らせます。

このハウスにはさらに、特ちょうがあります。足元は黒っぽいシート、ハウスのまわりはあみ戸のような細かい目のあみでおおわれています。そうすることで、雑草《ざっそう》が生えたり、さまざまな害虫が入りこんだりするのが防《ふせ》げます。

虫たちの力に頼《たよ》るだけでなく、こうしたいくつもの方法を組み合わせることで、総合《そうごう》的《てき》に病気や害虫、雑草《ざっそう》を管理するのがケンさんのイチゴ栽培《さいばい》です。

ぼくは長いこと、農業専門《せんもん》の新聞の記者をしてきました。そして以前から、虫の力を生かす農業に興味《きょうみ》がありました。日本でそうした取り組みが始まったのは一九九〇年代の後半ですが、自然界で起きていることをハウスの中で再現《さいげん》するなんてすごい発想だと、その当時のぼくは感心しました。

そしてすぐに、取材を始めました。

神奈川県《かながわけん》の農家をたずね、トマトの害虫であるオンシツコナジラミをやっつける寄生《きせい》バチの話を聞いて、本にもまとめました。

といっても農業で虫を利用するのはむずかしいらしく、そのころはまだ、手さぐりの段階《だんかい》でした。

ダニを食べるダニもすでに知られていましたが、利用のしかたがよくわかりません。いつごろ、どんな形でハウスに放せば、しっかりはたらいてくれるのか。専門家《せんもんか》も正解《せいかい》が出せず、いろいろな方法を試していました。つまり、「道具は手に入ったのに、使いかたがわからない」という状況《じょうきょう》だったのです。

トマトの害虫の天敵《てんてき》利用をテーマにした作品『ぼくは農家のファーブルだ』(岩崎書店・1999年)は、神奈川県《かながわけん》の農家が主人公。おもに寄生《きせい》バチの活躍《かつやく》を取材し、紹介《しょうかい》した

きらわれ者のオンシツコナジラミ。トマト農家はこの小さな害虫になやまされてきた。そこで目をつけたのが寄生《きせい》バチだった

それから十数年が過《す》ぎた二〇一三年、こんどはイチゴ栽培《さいばい》で虫たちを利用するケンさんのことを知りました。ぼくは、いてもたってもいられなくなりました。農家にとってハダニ類は、ハウスで一匹《いっぴき》も見たくない虫です。それなのに、わざわざ別のダニまでハウスに放すのです。考えてみると、ふしぎではありませんか？

ぼくは子どものころから虫が好きで、これまでにいろいろな虫たちと付き合ってきました。機会を見つけてはいまも、観察や飼育《しいく》を続けています。

スズムシは毎年、とてもいい声で鳴いてくれます。ミミズはレモンのような形の卵《たまご》、ナナフシは芸術品《げいじゅつひん》のような卵《たまご》を産んで、ぼくをびっくりさせました。あこがれだったアリヅカコオロギを庭のアリの巣の中で見つけたときには、うれしくて家族を呼《よ》びました。

でもぼくは、農家ではありません。農業の役に立つ虫がいても、だれかのハウスを見せてもらい、どんなふうに使っているのかを教えてもらうことしかできません。

しかもケンさんのところで利用するのは、ちっぽけなダニなのです。虫の仲間とはいえ、ダニについてはほとんど知りません。

次つぎと疑問《ぎもん》がわきました。

ケンさんはなぜ、そんなイチゴ栽培《さいばい》をするのでしょう。

これまでに、どんなことをしてきたのでしょうか。

あまり知られていないイチゴづくりのようすも見たくて、ぼくは何度も、ケンさんのハウスをたずねました。そして、いろいろなことを教えてもらいました。それらはどれも新鮮《しんせん》で、おどろくことばかりでした。

ケンさんと虫たちには、どんなドラマがあったのでしょう。みなさんは、知りたくありませんか?

ぼくが見聞きしたわくわく感たっぷりのことがらについて、これからじっくり、お話ししましょう。

2 初めの一歩

ケンさんが住む八女市《やめし》は福岡県《ふくおかけん》の南がわ、熊本県《くまもとけん》と大分県《おおいたけん》の境《さかい》にあります。早くから開けた土地で、岩戸山古墳《いわとやまこふん》をはじめとする古代の遺跡《いせき》が数多く見つかっています。農業では「八女茶《やめちゃ》」や電照菊《でんしょうぎく》、シイタケが有名です。伝統工芸《でんとうこうげい》も盛《さか》んで、手すき和紙やちょうちん、仏壇《ぶつだん》などをつくる職人《しょくにん》が大勢《おおぜい》くらします。

そうした歴史と農業、工芸に支《ささ》えられたまちで、ケンさんは三人きょうだいの末っ子として生まれました。

「賢治《けんじ》は、幼《おさな》いころから元気な子でしたよ」

母親の美代子《みよこ》さんはそう言います。

八女市《やめし》

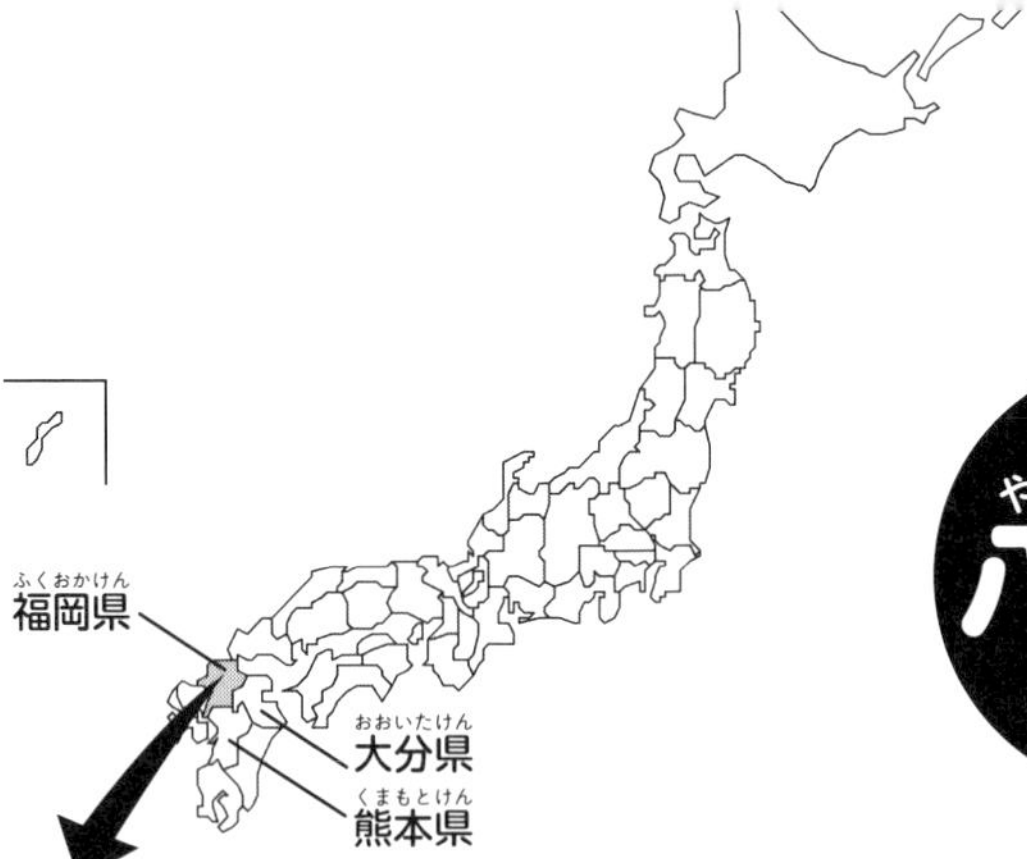

福岡県《ふくおかけん》
大分県《おおいたけん》
熊本県《くまもとけん》

福岡県《ふくおかけん》
シイタケ
八女茶
八女茶《やめちゃ》
電照菊《でんしょうぎく》
八女市《やめし》
八女《やめ》ちょうちん
イチゴ
ケンさんのイチゴハウス！

ケンさんはとにかく、とても活発な子どもだったようで、小学時代はバスケットボールに熱中し、ついにはキャプテンをつとめるまでに上達しました。そして中学・高校でも練習を続け、選手として大活躍《だいかつやく》したそうです。

運動だけではありません。なにごとにも一生懸命《いっしょうけんめい》になる性格《せいかく》で友だちの信頼《しんらい》も厚《あつ》く、小学校では児童委員長、中学校でも生徒会の会長に選ばれるなど、常《つね》に一目置かれる少年でした。

小学五年生のとき、近くの茶畑や農地を歩く「ウオークラリー大会」がありました。そういうときには、ケンさんの負けん気が顔を出します。チェックポイントを短時間でまわり、それでいて農村らしい景色を十分にたのしみながら、一位でゴールインしました。

自然が豊《ゆた》かな土地です。友だちをさそって、魚つりにもよく出かけました。近くの川には魚がいっぱいいて、つり糸をたらすと、コイやフナがつれました。外来種のブルーギルが針《はり》にかかることもあり、そのころはまだめずらしかったので、とてもおどろいたそうです。

工作も得意《とくい》でした。

「全部で百個《こ》ぐらいだったかなあ。牛乳《ぎゅうにゅう》パックをたくさん集めて、福岡《ふくおか》タワーをつくったんだ。電気がつくしかけを考えてね。スイッチを入れると、タワーが光るようにしたんだよ」

福岡《ふくおか》タワーは、日本でいちばん高い海浜《かいひん》タワーです。そんな工作や工夫《くふう》の思い出を、おとなになったいまも、とてもたのしそうに話します。

ケンさんの家はずっと、農業をしてきました。お父さんで三代目です。農家ではたいてい、長男があとを継《つ》ぎます。末っ子のケンさんは、中学校を卒業すると普通《ふつう》高校に進学しました。

でも、両親が田畑でがんばるすがたをずっと見てきたからでしょうか。ケンさんの目はいつしか、農業に向くようになりました。そして高校卒業後に選んだのは、農業の世界ではよく知られた茨城県《いばらきけん》の鯉淵学園《こいぶちがくえん》への入学でした。

「農業は、自分の考えで思うようにできる職業《しょくぎょう》なんだ。そんなところにやりがいを感じたし、おもしろそうだと思えてね」

将来《しょうらい》は農業にかかわる仕事をしようと、心に決めたそうです。

鯉淵学園《こいぶちがくえん》は農業や食べもの、環境《かんきょう》などについて総合的《そうごうてき》に学ぶところで、学園内でできた農産物は食堂でも使います。また、残りものは家畜《かちく》のふんなどと混《ま》ぜ、肥料《ひりょう》として畑に入れます。そしてその肥料《ひりょう》で稲《いね》や野菜を育て、資源《しげん》をむだにせず、環境《かんきょう》への影響《えいきょう》もなるべくおさえた農業をしようと教えています。

ケンさんはそうした教育方針《ほうしん》の学園で学び、卒業後には農家の人たちを指導《しどう》する農業改良普及員《ふきゅういん》（現《げん》・普及指導員《ふきゅうしどういん》）になるつもりでいました。

しっかり勉強して、資格試験《しかくしけん》にも合格《ごうかく》しました。ところが県全体で一人か二人しか採《さい》用《よう》されないと知り、進路をすこし変えることになりました。

「いずれは、自分の農業がしたい。だったら、情報《じょうほう》をどう生かし、どうやって売るかということもふくめた経営《けいえい》全体の勉強がしたいな」

農業にかかわる仕事に変わりはありません。ケンさんは、きのこの栽培《さいばい》・販売《はんばい》をする農業会社につとめることにしました。

あたえられた仕事はきのこづくりではなく、グリーンアスパラガスの栽培《さいばい》でした。

それにしてもなぜ、きのこの会社でアスパラガスだったのでしょう。

きっと何度も、何人にもたずねられたのでしょう。ケンさんは、わらいながら説明します。

「その会社は、おがくずや小麦のぬかなどを混《ま》ぜた培地《ばいち》できのこを育てていたんだ。収穫《しゅうかく》したあとの培地《ばいち》でアスパラガスを栽培《さいばい》するのが、ぼくの仕事だったよ」

培地《ばいち》というのは木や土に代わる、きのこが育つためのものです。びんや袋《ふくろ》に詰《つ》めた培地《ばいち》に、きのこの栄養になる材料を加えて育てます。

農業を始めると、一人あるいは家族だけの仕事になりがちです。それに農業は野菜やくだもの、家畜《かちく》を育てる人だけが主役のような仕事に思えます。でも実際《じっさい》は、そうではありません。

いくらすばらしい農作物ができても、それを売る人、食べてくれる人がいなければ成り立ちません。そこでケンさんは、その会社の仕事を通して、より多くの人たちにかかわろうとつとめました。

子どものころから明るく、ものおじしない性格《せいかく》です。行動力もあります。人なつっこく、だれにでも好かれました。ケンさんは毎日が勉強だと思い、一生懸命《いっしょうけんめい》、はたらきました。

そんなある日のことです。お父さんに呼《よ》ばれました。

鯉淵学園《こいぶちがくえん》で四年間学び、農業会社につとめて二年が過《す》ぎようとしていました。

父親の清文《きよふみ》さんの前にすわります。

「どうだ、賢治《けんじ》。そろそろ独立《どくりつ》して、自分の農業をしてみないか」

ケンさんはこのとき、二十三歳《さい》。四つちがいのお兄さんはすでに就職《しゅうしょく》し、熊本県《くまもとけん》の職《しょく》員《いん》になっていました。公務員《こうむいん》として農業の仕事をしていますが、家の農業を継《つ》ぐつもりはなさそうでした。

「考えたのだが、イチゴの栽培《さいばい》はどうだ？」

お父さんは長いこと、米や麦、大豆を中心にした農業をしてきました。イチゴの畑もありましたが、それに力を注ぐ余裕《よゆう》はありません。

ケンさんの顔がほころびました。

いつかやってみたいと思い描《えが》く農業のなかに、イチゴ栽培《さいばい》も入っていたからです。

それになによりも、イチゴが大好きでした。鯉淵学園《こいぶちがくえん》で学んでいるときから興味《きょうみ》があり、イチゴのつくりかた、売りかたも勉強していました。

「やるよ、やってみる！　いままでにない、新しいイチゴづくりに挑戦《ちょうせん》するよ」

ケンさんは、力強く答えました。

二〇〇二年。二十一世紀《せいき》に入って間もないこのときから、ケンさんのめざすイチゴづくりが始まりました。

父親の清文《きよふみ》さんと母親の美代子《みよこ》さん。両親もケンさんのイチゴづくりを支《ささ》える

3 家族の決めごと

スーパーや八百屋さんで、キャベツやハクサイ、ニンジンの品種名をあげて買う人はどれほどいるでしょう。たいていは、とくに気にせずに買っていくのではないでしょうか。

ところが、米の「ササニシキ」や「コシヒカリ」、リンゴの「ふじ」「陸奥《むつ》」、ジャガイモの「メークイン」「男爵薯《だんしゃくいも》」のように、消費者《しょうひしゃ》にまで品種名の知られた農産物があります。

イチゴもそのひとつです。しかも、おもに栽培《さいばい》する品種は地域《ちいき》によって異《こと》なり、それぞれに〝産地の顔〟となっています。

イチゴ産地をかかえる都道府県は、地元を代表する品種の育成に力を注ぎました。競うようにして新しい品種、より人気のある品種を求めたため、「イチゴの品種戦争」と呼《よ》ばれることもありました。

ケンさんの住む福岡県《ふくおかけん》では長いこと、「とよのか」が主役でした。「西の福岡《ふくおか》、東の栃《とち》木《ぎ》」というたとえも有名で、東日本の主産地である栃木県《とちぎけん》ではおもに「女峰《にょほう》」を栽培《さいばい》していました。

ケンさんがイチゴ栽培《さいばい》を始めた二〇〇二年、福岡県《ふくおかけん》は「とよのか」に代わる新品種として、「あまおう」をデビューさせました。そのふしぎな品種名には「赤い」「丸い」「大きい」「うまい」という意味がこめられ、頭文字をつなげると「あ・ま・お・う」となるのでした。

いくら優秀《ゆうしゅう》な期待の品種でも、出たばかりの品種をつくりこなすのは大変です。「とよのか」で日本一の産地となっていた福岡県《ふくおかけん》ですが、新顔の「あまおう」に手を出すのは勇気がいります。

「とよのか」には、二十年を超《こ》す歴史がありました。農家の人たちは栽培《さいばい》に慣《な》れ、消費《しょうひ》者《しゃ》にもよく知られていました。

新しい品種は、特ちょうをつかむまで、安心して栽培《さいばい》できません。肥料《ひりょう》や水やり、病気や害虫への備《そな》えなど、品種が変われば、やりかたもちがってきます。

いちばんの競争相手である栃木県《とちぎけん》は福岡県《ふくおかけん》よりも数年早く、「女峰《にょほう》」から「とちおとめ」にバトンをわたそうとしていました。

福岡県《ふくおかけん》も追いたいところです。でも、「とよのか」の人気がおとろえていなかったこともあり、一気には交代できません。

ケンさんのお父さんが育てるイチゴも、「とよのか」でした。うねを立てた畑で、伝《でん》統的《とうてき》なつくりかたをしてきました。

うねというのは、苗《なえ》を植えるために畑の土を盛《も》り上げたものです。農家につたわるむかしながらの方法で、専門的《せんもんてき》には「土耕栽培《どこうさいばい》」と呼《よ》ばれてきました。

古くからのイチゴ産地では、こうした土耕栽培《どこうさいばい》がふつうです。それで十分においしく、

左がわが「あまおう」。右がわはそれまでの福岡県《ふくおかけん》の主力品種「とよのか」Ⓗ

消費者《しょうひしゃ》によろこんでもらえるイチゴができました。

ケンさんは、それとはまったく異《こと》なる方法で、イチゴ栽培《さいばい》に取り組もうとしました。あとを継《つ》ぐことをすすめられたケンさんは、お父さんにこう言いました。

「ぼくはハウスで、高設栽培《こうせつさいばい》をするつもりだ。もちろん、『あまおう』でね」

お父さんといっしょにイチゴを栽培《さいばい》していたら、そんなふうに考えなかったかもしれません。

でも、ケンさんにとっては、イチゴの栽培《さいばい》そのものがゼロからのスタートです。まっ白な画用紙に、自由な絵をかくようなものでした。

「そうか。なにごとも挑戦《ちょうせん》だ。思い切ってやりなさい」

お父さんはケンさんの考えに理解《りかい》を示《しめ》し、「あまおう」の高設栽培《こうせつさいばい》を始めるための準《じゅん》備《び》にも協力してくれました。

新しいことを始めようとすると、お金がかかります。しかし、幸いにもそうした農家

土耕栽培《どこうさいばい》

土耕栽培《どこうさいばい》は、土を盛《も》り上げたうねで育てる従《じゅう》来型《らいがた》の栽培《さいばい》方法。全国的に普及《ふきゅう》している㊐

高設栽培《こうせつさいばい》

高設栽培《こうせつさいばい》には各県独自《どくじ》の方式があるが、立ったままで作業できる点はどこも同じだ

を助ける制度《せいど》があり、ケンさんもそれを利用することにしました。

目をつけたのが、家族経営《けいえい》協定でした。農業以外ではまず聞かない取り組みです。かんたんにいえば家族みんながはたらきやすく、それでいて、それぞれにやりがいのある農業をしようというものです。

決められた条件《じょうけん》を満たして協定を結べば、農業をするための給付金が得《え》られます。そのためには、仕事のしかたを新しくしなければなりません。

ケンさんが農業を継《つ》ぐタイミングに合わせて、これからの経営《けいえい》について父、母、ケンさんの親子三人でしっかり話し合いました。

そして、こんなふうにまとめました。


——お父さんは米、麦、大豆、ケンさんはイチゴの栽培責任者《さいばいせきにんしゃ》となり、協力し合って作業をする。

——農業で得《え》た収入《しゅうにゅう》はお父さんが〝社長〟として管理し、ケンさんに毎月、給料を払《はら》う。

——毎週一日は、基本的《きほんてき》に休みにする。

会社につとめるサラリーマンなら、おどろく内容《ないよう》ではありません。多くの会社では社員それぞれの仕事がきちんと決められ、週に二日は休めるようにやりくりしています。そして、月給制《げっきゅうせい》なら毎月一回の給料日には、仕事に応《おう》じた給料が支払《しはら》われます。

世の中にはいろいろな職業《しょくぎょう》があり、仕事の中身も給料も休みの日も異《こと》なります。それでも基本的《きほんてき》なところは変わりません。だれがどんな仕事をし、それに対していくら支払《しはら》われ、休みは何日にすると決まっています。

ところが多くの農家には、そんな決めごとがありません。時間に関係なく家族が同じような仕事をし、役割《やくわり》もはっきりしません。

農産物を売って得《え》たお金の分けかたは父親まかせで、休みもほとんどありません。「家族なのだから、いちいち細かく決めることもないだろう」という考えかたが、いまも一《いっ》般的《ぱんてき》です。

家族で取り組む「家族農業」が日本の農業の特ちょうであり、これまでのやりかたがすべて悪いわけではありません。時間にしばられず、これだと思ったことは自分の考えで進められるのも良い点でしょう。でも、世の中の多くの会社が採用《さいよう》している仕組みに、いくらか目を向けてもいいかもしれません。

伝統的《でんとうてき》な「家族農業」があいまいにしてきたことをはっきりさせ、家族みんなが納得《なっとく》したうえで仕事をしようというのが、家族経営《けいえい》協定の考えかたです。

基本《きほん》が家族であることは変わりません。米やイチゴという栽培《さいばい》品目の責任者《せきにんしゃ》は決めても、農作業はいっしょです。ケンさんが田畑の仕事をすることがあれば、両親がイチゴの作業を手伝うこともあります。

二〇〇二年四月。ケンさんはお父さんと市役所に出向き、自分たちの計画案を見せて、担当者《たんとうしゃ》の目の前で家族経営《けいえい》協定の書類にサインをしました。

「これで仕事の役割《やくわり》がはっきりした。イチゴの経営《けいえい》がうまくいくかどうかは、自分一人の判断《はんだん》にかかっているんだ」

責任《せきにん》は重大です。そう思うと、ケンさんも緊張《きんちょう》せずにはいられませんでした。

とにかくまだ、めずらしい取り組みです。もしかしたら自分たちのこの取り組みが、そのあとに続く人たちの参考にされるかもしれません。それだけに大きなやりがいを感じ、新しいイチゴづくりに挑戦《ちょうせん》するのだという意欲《いよく》も十分でした。

でも、不安がないといったらうそになります。ケンさんはその日のことを、決してわすれるものかと心にきざみました。


イチゴの世界では「品種戦争」とならんで、高設栽培《こうせつさいばい》システムの開発でも競争がありました。

それぞれの都道府県が独自《どくじ》のアイデアで、作業しやすく、お金がなるべくかからない、環境《かんきょう》にもやさしい仕組みで……といった目標をかかげ、さまざまな栽培《さいばい》システムを設計《せっけい》していました。その結果、「○○県方式」と呼《よ》ばれるものがどんどん開発されていきました。

イチゴ栽培《さいばい》を新たに始める人は、こうした高設栽培《こうせつさいばい》システムを利用するようになっていました。しかし、イチゴ農家全体からすると、数は多くありません。できるだけ安くしようという努力は続いていますが、最初に費用《ひよう》がかかりすぎること、長く続けられる若《わか》い人が少ないこと、畑の土耕栽培《どこうさいばい》の技術《ぎじゅつ》が生かしにくいことなどが普及《ふきゅう》の足を引っ張《ぱ》ります。

ケンさんは、高設栽培《こうせつさいばい》を選びました。

家族経営《けいえい》協定を結び、イチゴ栽培《さいばい》を始めるための資金《しきん》のめどもつきました。百聞は一見にしかず、といいます。自分なりにイチゴ栽培《さいばい》の勉強はしていたケンさんですが、まずはすでに取り組む農家で、実際《じっさい》の高設栽培《こうせつさいばい》を見せてもらうことにしました。自宅《じたく》近くのイチゴ農家を何軒《なんけん》かたずね、知識《ちしき》としてたくわえていた高設栽培《こうせつさいばい》のしかたを、自分の目と耳でたしかめました。

土耕栽培《どこうさいばい》とのちがいはどこか、苗《なえ》の植えかた、毎日の水やり、収穫後《しゅうかくご》の設備《せつび》の消毒《しょうどく》のしかたはどうなのだろう……。思いつく限《かぎ》り質問《しつもん》し、頭にしっかり、たたきこみました。

ケンさんには、人をほっとさせるふしぎな力があります。それはぼくがケンさんに初めて会ったときにも感じたことですが、話しているときはたいてい、にこにこしています。

とても魅力的《みりょくてき》な笑顔《えがお》です。この人なら安心だ、役に立てることがあれば力を貸《か》したい、といった気持ちになります。それでこの先輩《せんぱい》農家も、ケンさんにならなんでも教えようという気持ちになったのではないでしょうか。

しかも、そのころはまだ二十代の若者《わかもの》です。いずれは自分たちといっしょになって地《ち》域《いき》の農業を支《ささ》えてくれる、地域《ちいき》の宝《たから》といえる人でもあります。たずねたイチゴ農家のだれもが経験《けいけん》から得《え》たことを親切に、わかりやすく教えてくれました。

「とても勉強になりました。ありがとうございます」

ケンさんは先輩《せんぱい》農家の人たちに、心から感謝《かんしゃ》しました。そして自分もいつか、だれかに教えられるようなイチゴづくりをしよう、それが教えてくれた人への恩返《おんがえ》しになるはずだと思いました。

家族経営《けいえい》協定に記したように、イチゴ栽培《さいばい》はケンさんが責任者《せきにんしゃ》です。これからは自分のハウスで、自分の考えによるイチゴづくりが始まります。

そう思うと、あらためて身の引きしまる思いがするケンさんでした。

4 農薬は使わない

ケンさんのハウスは、全部で六棟《とう》。小学校の教室にたとえれば、一棟《とう》だけで五、六クラス分の広さがあります。しかも天井《てんじょう》がひとつながりなので、なにもなければ、まるで運動場です。大きな声を出さないと、いっしょに作業する家族に声がとどきません。

二〇〇二年九月。屋外で育ててきたイチゴ苗《なえ》をいよいよ、ハウスに定植する時期になりました。

定植というのは、イチゴが収穫《しゅうかく》できるようにきちんと植え付けることです。それが、本格的《ほんかくてき》なイチゴ栽培《さいばい》の始まりとなります。

用意した高設栽培《こうせつさいばい》システムは、一列が約五十メートル。一棟《とう》にそれぞれ、五列か六列あります。

「こうして見ると、苗《なえ》を植えるだけでもけっこう大変だな」

ハウス全体では、およそ一万七千株《かぶ》になります。

それでも新しいことを始めるのだと思うと、わくわくします。たのしみな収穫《しゅうかく》を思い浮《う》かべ、ケンさんは一株《かぶ》ずつ、ていねいに植えていきました。

定植を終えてハウス内を見わたすと、まるでみどりの海に見えました。

栽培《さいばい》する品種は、福岡県《ふくおかけん》の新しい顔「あまおう」です。しかも建てたばかりの新しいハウスで取り組む、新方式の高設栽培《こうせつさいばい》です。親子で協定を結び、新たな時代にふさわしいはたらく環境《かんきょう》もととのえました。

まさに、新しいことづくめのイチゴ栽培《さいばい》です。

ところがケンさんは、これだけの「新しい」だけでは満足していません。そういう意味ではちょっと、よくばりでした。

「せっかくのスタートだ。なるべく農薬を使わないイチゴづくりをしたいな」

ケンさんのイチゴハウスは６棟《とう》。ハウスの中は全部つながっていて、とても広い。イチゴを栽培《さいばい》していなければ、運動会でも開けそうだ

苗《なえ》の定植を始めたばかりのハウス。全部植え終えるまでには
大変な手間と時間が必要だⒽ

それが、ケンさんが立てたもうひとつの大きな目標でした。

高設栽培《こうせつさいばい》をする先輩《せんぱい》のイチゴ農家から、いろいろなことを学びました。そのおかげで、自分のめざすイチゴづくりに必要な知識《ちしき》を得《え》ることはできました。お父さんがやってきた土耕栽培《どこうさいばい》とはどうちがうのか、自分なりに理解《りかい》したつもりです。

でも、それで疑問《ぎもん》がすべて解《と》けたわけではありません。イチゴを栽培《さいばい》しようとすると、どうしてもさけられない問題がありました。

葉につくダニを、どうやって防《ふせ》げばいいのか——。

そのことがケンさんをなやませました。

イチゴを栽培《さいばい》するとナミハダニ、カンザワハダニといったダニが発生します。体長が〇・五ミリメートル程度《ていど》の小さなダニですが、集団《しゅうだん》となってイチゴの葉に悪さをする困《こま》りものです。

いってみれば、小さな虫の大きな問題です。

ハダニ類がいると、イチゴの葉のうらが食べられて、かっ色になります。株《かぶ》や新しく出る葉・実がうまく育たなかったり、イチゴ独特《どくとく》のあの赤い実の色がきれいに出なかったりします。おいしいイチゴ、良いイチゴを収穫《しゅうかく》するために、ハダニ類をなんとかしなければなりません。

そこで農家の人たちは、被害《ひがい》が広がる前に農薬をまきます。規則《きそく》どおりの正しい使いかたをしているので、商品として消費者《しょうひしゃ》のところにとどくイチゴでは、「よく見ないとダニがくっついているかもしれないぞ」「まちがって、口に入らないだろうか」といった心配はまったくいりません。

ところが農薬と聞くと、いやな顔をする人たちがいます。現代《げんだい》の消費者《しょうひしゃ》は、食べものの安全性《あんぜんせい》にとても敏感《びんかん》だからです。安全な方法で栽培《さいばい》され、安心して食べられるものだけをほしがります。

ぼくは家の庭のかたすみで、家庭菜園をしています。農薬はいっさい、使いません。その結果どうなるかというと、葉はぼろぼろ、実もきずだらけになり、まったく収穫《しゅうかく》できないことがあります。途中《とちゅう》で枯《か》れることも、何度か経験《けいけん》しました。

だから、農薬の実力は認《みと》めます。農薬がなかったら、学校の運動場の何倍もある田んぼや畑で、まともな農作物は栽培《さいばい》できないでしょう。そして収穫《しゅうかく》がとだえたら、食べもの不足で日本中が大パニックにおちいります。

国は農薬の使用について、とてもきびしいルールを定めています。この野菜やくだものにはこの農薬をいつごろ、どれだけなら使っていいといった内容《ないよう》です。そのきまりを守っていれば問題はなく、農薬は消費者《しょうひしゃ》にとっても生産者にとってもありがたい味方になってくれます。

イチゴ農家の多くはそうやって農薬を使い、ハダニ類をやっつけています。

しかしケンさんは、農薬を使わずに育てたいと考えました。

「消費者《しょうひしゃ》にはできるだけ、安全な栽培《さいばい》方法で育てたイチゴを安心して食べてほしい」。

それがケンさんの願いでもありました。

福岡県《ふくおかけん》は、食べものの安全性《あんぜんせい》への意識《いしき》が高い県として全国に知られます。それでも、農薬の使用回数は相当なものです。

イチゴの苗《なえ》をハウスに植え付けてから収穫《しゅうかく》を終えるまでに、およそ八か月。栽培《さいばい》期間がそんなにも長いという事情《じじょう》もありますが、イチゴ栽培《さいばい》でシーズン中に使う農薬の散布《さんぷ》回数は数十回に及《およ》びます。

予備知識《よびちしき》のない消費者《しょうひしゃ》は、そんなにも必要なのかと疑問《ぎもん》をいだくかもしれません。でも、きまりを守って正しく使えば、農薬をこわがることはありません。

それは、すでに記したとおりです。

問題なのは、使うまでの準備《じゅんび》や散布作業《さんぷさぎょう》の大変さにもありました。服を着がえ、マスクをして、人間に害がなく害虫には効《き》くように決められた濃度《のうど》になるまで気をつかって薄《うす》めるなど、かなりの手間がかかります。

そうやってようやく準備《じゅんび》した農薬をまく時間も、ばかになりません。面積が広いとなおさらです。

それはお父さんの仕事を手伝ったり、学園で学んだりする間に、何度も経験《けいけん》しています。それでケンさんはよく、こんなことを考えました。

「あの手間、なんとかならないかなあ。使うにしても、もっと楽だったら、空いた時間をほかの作業にまわせるのに……」

暑い夏なんて、考えるだけで汗《あせ》がふきだします。しかも栽培《さいばい》中には、何度も同じことをしなければなりません。農薬散布《さんぷ》の手間を考えると、人手がいくらあっても足りません。

ケンさんをなやませることは、まだありました。

ハウスの中では、イチゴの授粉《じゅふん》に欠かせないミツバチがひっきりなしに飛びまわります。そんなところで農薬をまいたら、ミツバチたちはいったい、どうなるのでしょう。

そう思えば思うほど、農薬との付き合いかたがむずかしくなります。

どうにかしてもっと楽に、ミツバチのことも気にせずに使える農薬でもないのでしょうか。

その難問《なんもん》を解《と》くかぎになるアイデアが、ケンさんの頭の中にはありました。

知識《ちしき》とか情報《じょうほう》といったほうがいいかもしれません。

それは、農業の会社につとめているときに知った「天敵《てんてき》農法」でした。害虫をやっつけてくれる昆虫《こんちゅう》などの天敵《てんてき》生物を使う、新しい農業のやりかたです。

「天敵《てんてき》をイチゴの栽培《さいばい》に利用すれば、農薬がうんと減《へ》らせるはずだ。そのほうがより安全だし、作業の手間も省ける。ミツバチだって犠牲《ぎせい》にならずにすむ」

各地で経験《けいけん》を積み重ねたトマトの害虫に寄生《きせい》バチを利用する天敵《てんてき》農法なら、新しく取り組む人にもわかりやすい手引があります。

トマトに続けとばかりに、ナスやピーマン、イチゴなどでも虫たちを利用する研究が進められました。その知識《ちしき》や経験《けいけん》もたくわえられています。

とはいえ、どこの産地でもまだ、わからないことがいくつもありました。人間のことばが通じない虫が相手だからです。それに天敵《てんてき》農法について書かれた本はあっても、農家が実際《じっさい》に取り組むために知りたいことはあまり出ていません。

それらはもともと、日本とはくらべものにならない外国の巨大《きょだい》ハウスで始まった農業技術《ぎじゅつ》だからです。

ぼくはオランダやベルギーで、そうした大規模《だいきぼ》農業の取材をしたことがあります。日本では見たことのない巨大《きょだい》なハウスの中をトラックが走り、何人もの作業者が手分けして、トマトやパプリカなどの管理作業をしていました。

寄生《きせい》バチや天敵《てんてき》のダニなどは、経営《けいえい》者と契約《けいやく》した専門《せんもん》の会社の人たちが常《つね》にチェックします。家族が基本《きほん》になっている日本の農業からはとても想像《そうぞう》できない、農業王国ならではのやりかたでした。

したがって、そういう国で成功しているからといって、それがそのまま、日本で通用するということはなさそうでした。しかもケンさんが始めようとしているのは栽培《さいばい》農家そのものが少ない、新品種の「あまおう」です。こうすればいいという、教科書はまだありません。

そこでケンさんは地元の農業試験場をたずね、ハウスで天敵《てんてき》をはたらかせるための基《き》本《ほん》を教えてもらうことにしました。

研究室でうまくいったことが農家でも通用するのか、試験場の研究者も関心がありま

寄生《きせい》バチの寄生《きせい》の仕組み

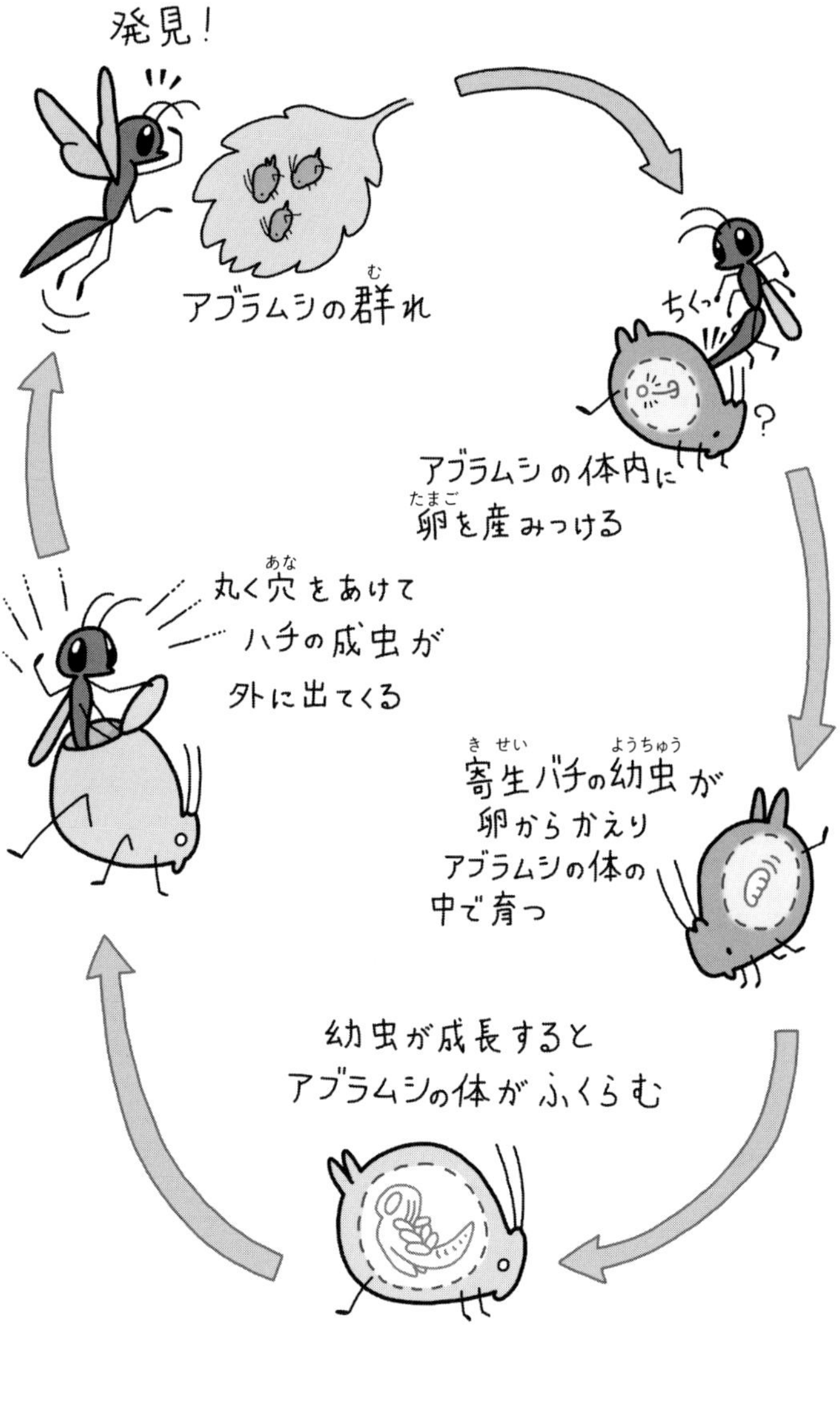
発見!
アブラムシの群《む》れ
ちくっ
?
アブラムシの体内に
卵《たまご》を産みつける
寄生《きせい》バチの幼虫《ようちゅう》が
卵からかえり
アブラムシの体の
中で育つ
幼虫が成長すると
アブラムシの体がふくらむ
丸く穴《あな》をあけて
ハチの成虫が
外に出てくる

した。こうした両者の思いがうまく合い、ケンさんと研究者の二人三脚《ににんさんきゃく》が始まりました。

長いこと農業をしてきたお父さんも経験《けいけん》したことのない、イチゴの高設栽培《こうせつさいばい》です。

それもデビューして間もない新品種の「あまおう」を、虫の力を借りて育てようとしています。

その向こうになにがあるのか、だれにもわかりません。

でも、自分にしかできない特色あるイチゴづくりに情熱《じょうねつ》を燃《も》やすケンさんです。

迷《まよ》うことなく、新しい世界へのとびらを開きました。

5 たたかいの始まり

「へえ、こいつがダニを食べるダニなのか」

二〇〇三年の二月上旬《じょうじゅん》――。

九州とはいえ、まだまだ寒い季節です。

それなのにケンさんの表情《ひょうじょう》は、春をむかえたように明るくかがやいていました。

手にしたプラスチック容器《ようき》には、木くずのようなものが入っています。それをイチゴの葉の上にふり出し、どんな虫が入っているのか、たしかめているところです。

体長〇・五ミリメートルもない、チリカブリダニです。害虫のハダニ類でさえ十分に小さいのに、それよりもさらに小さなダニでした。

チリカブリダニという名前を聞くと、ちり、つまりゴミをかぶったダニだと思うかもしれません。でもそれは原産国のチリにちなんだ名前で、農薬会社が「商品」としてあつかっています。

それにしても、農薬会社がダニを売るなんて、おかしな感じがしませんか？　化学的に合成した薬剤《やくざい》を、開発したり売ったりするのが、農薬会社のふつうの仕事でしょう。農薬には、試験管の中で薬剤《やくざい》を混《ま》ぜ合わせてつくるイメージがあります。

それは、まちがいではありません。「農薬」と呼《よ》んでいるものはたいてい、そうやってつくる化学農薬です。使う目的によっていくつかのグループに分け、害虫をやっつける「殺虫剤《さっちゅうざい》」、雑草《ざっそう》を枯《か》らす「除草剤《じょそうざい》」などと呼《よ》んで販売《はんばい》します。

そこへ新たに登場したのが、農業を手助けする虫たちです。たとえば花粉《かふん》を運ぶマルハナバチとか、害虫に寄生《きせい》するハチがそうでした。

マルハナバチはミツバチと同じように受粉《じゅふん》を助けてくれる虫なので、農薬とは呼《よ》びません。花を訪《おとず》れる「訪花昆虫《ほうかこんちゅう》」、あるいは花粉《かふん》をつけてくれる虫ということで「授粉昆《じゅふんこん》

天敵《てんてき》のチリカブリダニを放したあとのイチゴの葉。白っぽいのは木くず

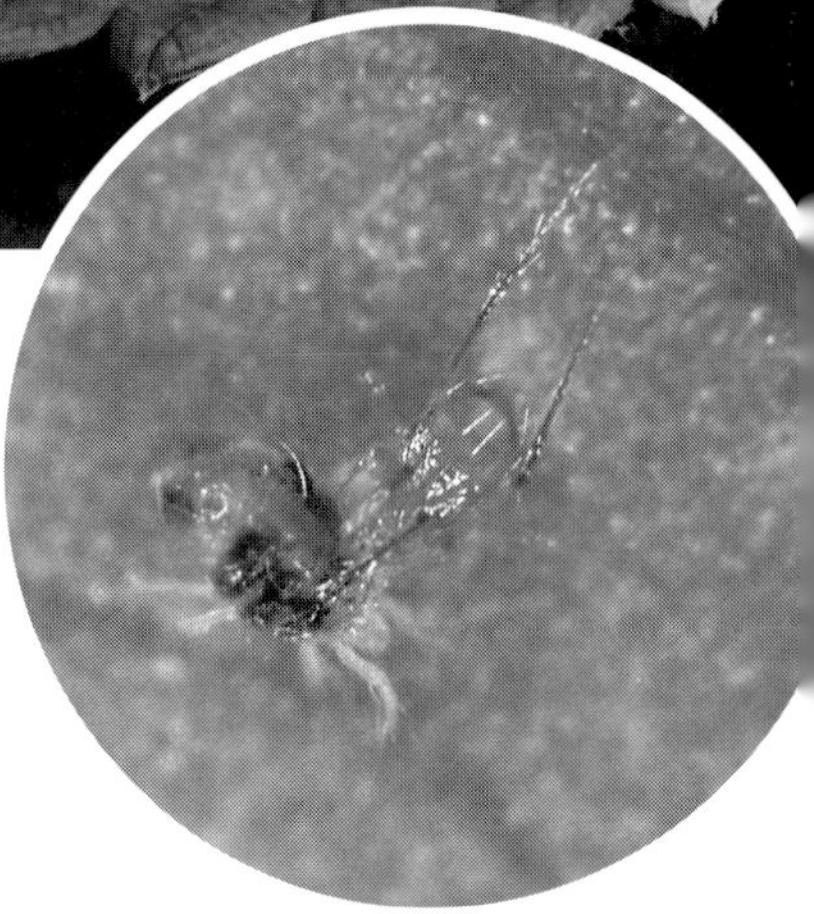

ナミハダニ㊧をつかまえたチリカブリダニ㊨

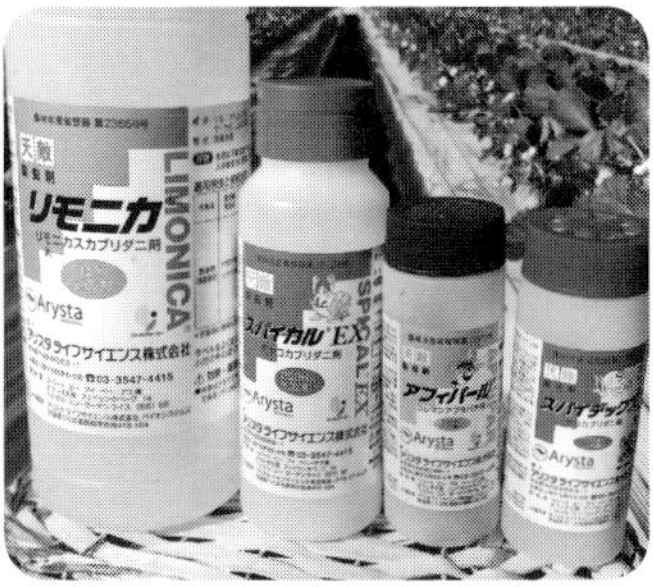

天敵《てんてき》商品のいろいろ。木くずのようなものといっしょに、天敵《てんてき》としてはたらくダニが入っている㊨

虫《ちゅう》」といったりします。

ケンさんが使おうとしているダニを食べるダニや寄生《きせい》バチは、授粉昆虫《じゅふんこんちゅう》ではありません。害虫をやっつける虫です。そこで法律上《ほうりつじょう》は、農薬の一部とみなされます。

そうした呼《よ》び名《な》はともかく、どれも生きている虫たちです。そのため、「天敵製剤《てんてきせいざい》」とか「チリカブリダニを有効《ゆうこう》成分とする農薬」と表現《ひょうげん》して、ほかの商品とは区別します。

ハウスの中で、ケンさんとチリカブリダニのにらめっこがまだ続いていました。

「ダニは八本あしだから、昆虫《こんちゅう》じゃないんだよな。あしの数だけでいえば、クモみたいなやつだな」

チリカブリダニを初めて見たケンさんは、こんなふうに感じました。

まさに、そのとおりです。昆虫《こんちゅう》なら、あしは六本です。八本あしのダニはクモやサソリ、カブトガニなどのグループに入ります。

多くの人たちは、クモやダンゴムシも「虫」と呼《よ》びます。したがって、特別に区別するとき以外は、昆虫《こんちゅう》もクモもダンゴムシ、ミミズも、おおざっぱに「虫」と考えて問題ありません。

ケンさんのハウスでチリカブリダニが相手にする虫は、ハダニ類です。どちらも、肉眼《にくがん》ではほとんど見えません。

まさに、ミクロ対ミクロ。小さなダニ同士のたたかいが、ケンさんのイチゴハウスで始まろうとしていました。

——おまえたち、がんばってくれよ。

ケンさんは心の中で、農家の味方であるチリカブリダニをはげましました。

天敵《てんてき》生物を使って害虫を防《ふせ》ぐ方法を「天敵《てんてき》農法」と呼《よ》ぶことは、すでに説明しました。

そしてケンさんのハウスの足元には黒いシートがしきつめてあり、側面には細かいあみがかけてあることも紹介《しょうかい》したとおりです。雑草《ざっそう》が生えない環境《かんきょう》にし、害虫が飛びこむのを防《ふせ》ぐためです。

雑草《ざっそう》は刈《か》り取るのが大変なだけでなく、害虫や病気のもとになるものがすみつく場所にもなります。したがって、最初から雑草《ざっそう》が生えないようにすることは、とてもいい対《たい》策《さく》です。虫だけでなく雑草《ざっそう》にまで目を向けるとは、さすがケンさんです。

こうした農業のやりかたを専門家《せんもんか》は、「総合的《そうごうてき》病害虫・雑草《ざっそう》管理」と呼《よ》びます。漢字をいくつもならべたむずかしい用語です。

もともとは外国で始まった考えかたです。そこでIntegrated《インテグレイテッド》（総合的《そうごうてき》な）Pest《ペスト》（害虫）Management《マネージメント》（管理）という英語の頭文字をとって、「ＩＰＭ《アイピーエム》」と呼《よ》ぶのがふつうです。Pest《ペスト》は多くの場合、「害虫」とだけ訳《やく》しますが、このＩＰＭ《アイピーエム》では害虫と雑草《ざっそう》の両方をふくむことばとして使っています。

虫で虫をやっつける天敵《てんてき》農法は、ＩＰＭ《アイピーエム》の一部です。それと同時に、虫がハウスに入らないようにしたり、草が生えないようにしたりすることも、ＩＰＭ《アイピーエム》の考えにふくまれます。

そういう取り組みをすでに始めていたケンさんですが、それがＩＰＭ《アイピーエム》という新しい理《り》論《ろん》だということは、あとになって知りました。

ハウスの地面には黒いシートをしきつめている。光をさえぎり、雑草《ざっそう》をおさえる

側面には目の細かいあみを張《は》り、害虫が入らないようにしている

「農家にとっては、ハウスが自分の職場《しょくば》だろ。だったらそこの環境《かんきょう》をきちんとしたいと思ってしたことなんだ。それがちょうど、IPM《アイピーエム》の考えかたと同じだったんだね」

むずかしい専門用語《せんもんようご》はともかく、作業しやすいハウスをめざした結果が知らず知らず、IPM《アイピーエム》に結びついたようです。ぼくは、ケンさんのようなIPM《アイピーエム》とのかかわりかたもあるのだと教わった気がしました。

雑草防止《ざっそうぼうし》のシートをしき、細かい目のあみを張《は》ったハウスの中で、ケンさんはチリカブリダニのボトルに目盛《めも》りをつけました。

「この広さなら、ボトル一本分でいいのか。ということは、一列あたり十三か所にふりかければいいんだな」

そうつぶやくと、ボトルにつけた目盛《めも》りを見ながらすこしずつ場所を移《うつ》し、順番にふりかけていきました。あとはチリカブリダニにおまかせです。自然にふえて、勝手にハダニ類をえさとして食べてくれるはずです。

「いやあ、おどろいた。こんなに楽なのか。これでハダニが退治《たいじ》できるなら、ずっと使いたいよ」

ケンさんは満足そうに、ハウス全体を見わたしました。

青あおとしたイチゴの株《かぶ》が広がっています。そして、そのところどころに、ダニ退治《たいじ》をする「ダニハンター」とでも呼《よ》びたいチリカブリダニのまじった白っぽい木くずが見えました。

天敵《てんてき》農法のいいところは、虫の力にまかせられることでしょう。

農家の仕事は、ハウスに天敵《てんてき》を放すだけです。そうすればイチゴの株《かぶ》にすみつき、害虫をえさにしたり寄生《きせい》したりして、仲間をどんどん、ふやします。そしてみんなで害虫をやっつけ、さらにふえていきます。

ぼくが以前、トマト農家で見せてもらった天敵《てんてき》も、そうやってがんばっていました。しかも農薬とちがって、害虫に抵抗力《ていこうりょく》がつくことはありません。どこまでも、虫と虫とのたたかいなのです。

「さあて、どれくらい、はたらいてくれるかな。たのしみだなあ」

ケンさんは、ミクロのたたかいの結果を待つことにしました。チリカブリダニの勝利に終わるにちがいないと期待して。

ところが――。

しばらくして、ケンさんはとんでもない光景を目にすることになりました。

ボトルに入ったチリカブリダニをふり出すケンさんⒽ

6 まさかの第一ラウンド

「いったい、どうなっているんだ!?」

チリカブリダニをハウスに放してから、およそ一か月。ケンさんは目の前の出来事を、信じられない気持ちで見つめていました。

チリカブリダニは害虫のハダニ類をえさにしてふえ、たくさんの仲間とともに、ハダニ類に立ち向かうはずでした。そうなればケンさんのイチゴハウスから、ハダニ類はいなくなります。

教わったとおり、学んだとおりにしたつもりです。それなのにいったい、どこがどう、ちがったというのでしょう。

大きなかなづちで、頭をごつんとたたかれたようなショックを受けました。

「とにかく、よく見なければ……」

気を取り直したケンさんは、ルーペを手にしてイチゴの葉を見てまわりました。

どんな小さな変化も見のがしてなるものかと、目をこらします。

すると──。

「まいったなあ。ここにもあそこにも、〝巣〟があるじゃないか」

巣というのは、ハダニ類がつくるクモの巣のようなものです。それがあまりにも、目立ちました。

次つぎに見つかる巣。それらを見るうち、ケンさんの頭に、すこし前から感じていた不安がよみがえりました。

チリカブリダニを放したのは、二月の上旬《じょうじゅん》です。そのころはまだ、ハダニ類を見ていません。ところが気温が上がり始めた二月下旬《げじゅん》になると、たびたび目にするようになりました。

ハダニが集まるとクモの巣のようなものができる

よく見ると、小さなハダニがいっぱいいることがわかる

ケンさんはそれでも、チリカブリダニのはたらきを信じていました。疑《うたが》うことをしません。楽天的なケンさんの人柄《ひとがら》は、こんなところにもあらわれるようです。

「あたたかくなったのだから、ハダニ類がすこしぐらいあらわれるのはしかたがないよな。見たところチリカブリダニもいることだし、まあ、心配はないだろう」

しばらく、見守ることにしました。

ところが月がかわって三月になると、ハダニ類の多さは決定的になったのでした。

「どうして、こうなったのだろう?」

疑問《ぎもん》が頭の中をかけめぐります。

指導《しどう》を受けている農業試験場の研究者に相談しました。

「ハウスに放す時期は、まちがっていなかったはずですけど……」

「どれくらい、放しましたか?」

「教えていただいたように、ハウス全体でボトル一本分です」

「それでハダニ類はどれくらい、いますか?」

ケンさんは、自分のハウスで起きていることを細かくつたえました。

すると、研究者が言いました。

「うーん。どうやら、ダニ同士のバランスがくずれたようですね」

「バランスというと……」

「チリカブリダニのふえるスピードより、ハダニ類のふえかたのほうがはやかったということでしょう」

「なるほど、そういうことですか」

理由はともかく、すでに後のまつりでした。負けは負け、認《みと》めないわけにはいきません。

最初のたたかいはケンさんの予想に反して、害虫の勝ちとなりました。

天敵《てんてき》の力に頼《たよ》れない以上、農薬を使うしかありません。

「初めてのことだし、だめだったら農薬をまこうという気持ちで始めたことだしな」

ケンさんは、自分で自分をなぐさめました。

使おうとしているのはダニ類を殺《ころ》すための殺虫剤《さっちゅうざい》、農家が「ダニ剤《ざい》」と呼《よ》ぶものです。ハウスにまけば、せっかく放した天敵《てんてき》のチリカブリダニも死んでしまいます。

でも、それはしかたがありません。ケンさんはそのことよりも、ミツバチへの影響《えいきょう》を心配しました。

「ミツバチがダニ剤《ざい》に耐《た》えてくれるといいんだけど……」

害虫や天敵《てんてき》生物がいてもいなくても、授粉昆虫《じゅふんこんちゅう》であるミツバチは、花から花へと飛びまわります。花粉《かふん》を集めて巣箱に運ぶのが彼《かれ》らの仕事だからです。

野菜農家がミツバチをハウス内に放すことは、めずらしくありません。イチゴ農家もよく利用します。ただ、ケンさんのハウスでは、ちょっとだけ、変わった使いかたをしていました。

多くの農家は、ハウスの中に巣箱を置いて、ミツバチを飛ばします。ところがケンさんはとびらの近くに巣箱を置き、ミツバチの出入り口をハウスの内がわ、残りの部分をハウスの外がわに出っぱらせています。そしてハウスと巣箱のあいだにはすこしだけすき間をあけ、ミツバチが外にも出ていけるようにしていました。

それにも、ケンさんらしい考えがありました。

「だってこうすれば、ミツバチは自由に動けるし、とびらの近くだから、なにか異常《いじょう》があったときにも気づきやすいだろ」

言われてみれば、たしかにそのとおりです。

巣箱を置いてミツバチを飛ばすのは、はちみつをとるためではありません。花粉《かふん》を運んで、イチゴの受粉《じゅふん》を助けてもらうためです。

自分たちのためにイチゴの花粉《かふん》を集めるミツバチですが、花から花へと飛びまわることで花粉《かふん》が別の花につき、実をつけます。だから農家からすれば、ミツバチに栽培《さいばい》を手伝ってもらっていることになるのです。

ケンさんの気がかりは、そうしたミツバチが飛んでいるハウスでダニ剤《ざい》をまいていいのか、ということでした。

ダニといっしょに、ミツバチが死ぬことはないのでしょうか。

死なないとしても、どれくらいのダメージを受けるのでしょう。

ケンさんの不安はつきません。

「ミツバチは、体が大きい。たぶん、だいじょうぶだと思うけど……」

念のため、ミツバチの巣箱の出入り口を段《だん》ボール板でおおい、農薬がかからないようにしました。

天敵《てんてき》のチリカブリダニが、どうしてもっとはたらいてくれなかったのだろうという疑《ぎ》問《もん》とくやしさを胸《むね》に、ハウス全体にダニ剤《ざい》をまきました。

ダニ剤《ざい》を浴び、チリカブリダニも、ハダニ類といっしょに死んでしまいました。

心配したミツバチへの影響《えいきょう》はすこしだけ、あらわれました。ダニのように死ぬことはなかったものの、二日間ほど、活動がにぶくなりました。

「わずかですんだとはいえ、影響《えいきょう》はやっぱり、さけられなかったようだな」

ミツバチはとりあえず生きています。ミツバチを殺《ころ》さずにすんだことで、ケンさんは胸《むね》をなでおろしました。

花をさがして花粉《かふん》を運ぶミツバチ

ハウスの内がわから見たミツバチの巣箱

ハウスの外がわにつき出したミツバチの巣箱。防寒《ぼうかん》のために毛布《もうふ》で包み、カバーをかけている

ダニ剤《ざい》のおかげで、ハダニ類の被害《ひがい》はほぼおさまりました。

だからといって、全滅《ぜんめつ》ではなかったようです。葉のかげにかくれていて、生きのびたものがいました。

ケンさんがハウス内を見まわると、ハダニ類の巣がいくつか見つかりました。

「それにしても、しぶといやつらだ」

ダニ剤《ざい》をまいても、一度で全滅《ぜんめつ》させるのはむずかしいようです。

だったら何度でも、農薬をまけばいいのでしょうか。農薬を、まき続ければいいのでしょうか。

それが良くないことは、明らかです。農薬をまくたびに抵抗力《ていこうりょく》がつき、農薬に負けないダニがふえていきます。

ケンさんが天敵《てんてき》農法に目をつけた理由のひとつも、そこにありました。

使うことで害虫が強くなるような農薬だけに頼《たよ》る農業を、すこしでも変えたいのです。

チリカブリダニを使ったのは、そのためでした。

害虫に抵抗力《ていこうりょく》がつく仕組み

農薬の散布《さんぷ》後《ご》に生き残った害虫はそれまでの農薬が効《き》かなくなり、さらに強い農薬が必要になる。それで、害虫と農薬の終わりのないたたかいが続くことになる。

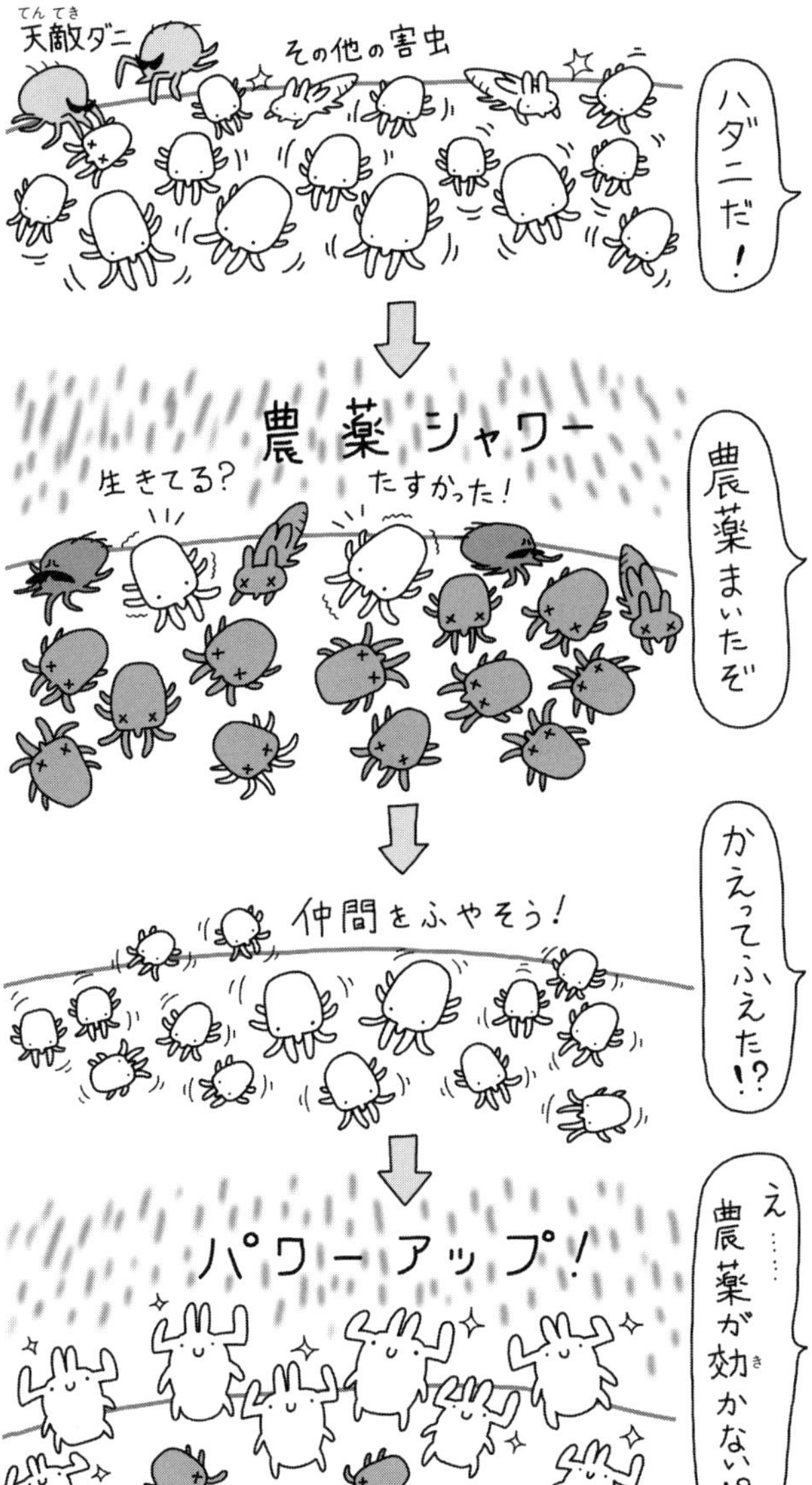

ハダニだ!
天敵《てんてき》ダニ
その他の害虫
農薬まいたぞ
農薬シャワー
生きてる?
たすかった!
かえってふえた!?
仲間をふやそう!
え……農薬が効《き》かない!?
パワーアップ!

「だからもっと、チリカブリダニにがんばってほしいんだけどなあ」

そうはいっても、目の前のハダニ類をそのままにはしておけません。イチゴの収穫《しゅうかく》にも影響《えいきょう》します。

「まだ始めたばかりだし、まずは目の前のハダニをやっつけないと」

被害《ひがい》のひどい二棟《とう》にだけ、四月に入ってまた、ダニ剤《ざい》をまきました。

その決断《けつだん》は、正しかったようです。ハダニ類の被害《ひがい》はやっと、おさまりました。


五月半ば。独立《どくりつ》して最初の年の収穫《しゅうかく》は、すべて終わりました。

——高設栽培《こうせつさいばい》で、デビューしたばかりの「あまおう」を栽培《さいばい》する。

その第一の目標はとりあえず、達成です。あまいかおりのまっかなイチゴがたくさん収穫《しゅうかく》でき、ケンさんはほっと、胸《むね》をなでおろしました。

残念なのは、農薬を使わずにハダニ類をやっつけるという、もうひとつの計画でした。ハウスに天敵《てんてき》を入れたものの、思ったようにいかなかったからです。

――チリカブリダニを放せば、ハウス内で自然にふえてハダニ類をやっつけてくれる。
そう聞いて、教わったとおりにしたはずなのに、失敗でした。
すべてが初めてというイチゴ栽培《さいばい》の第一ラウンドは、こうして終わりました。

7

万全の備《そな》えで

イチゴはちょっと変わった作物で、ふだん食べているのは、ほんとうの意味での果実ではありません。

あのあまくておいしい部分は、「偽果《ぎか》」といいます。ぼくたちはそれを「イチゴの果実」とか「イチゴの実」、あるいは単に「イチゴ」と呼《よ》んで食べています。偽果《ぎか》の表面にあるゴマつぶのようなものがイチゴのほんとうの果実で、タネはその中に入っています。

福岡県《ふくおかけん》が育成した「あまおう」は、県の独占的《どくせんてき》なイチゴ品種です。そのため、県内の農家にしか栽培《さいばい》が許《ゆる》されません。イチゴ農家は自分たちで株《かぶ》をふやし、苗《なえ》にします。それはケンさんも同じです。

苗《なえ》にするのは、親株《おやかぶ》からのびたランナーと呼《よ》ぶ〃つる〃にできる子株《こかぶ》です。イチゴをタネでふやさないのは、親のすぐれた性質《せいしつ》を保《たも》つためです。

タネをまいてふやすと性質《せいしつ》がばらつき、株《かぶ》ごとの出来・不出来の差が大きくなります。親より立派《りっぱ》な実がとれることがあれば、その反対もあります。そのため、特別に品種改良したものを除《のぞ》き、イチゴでは親株《おやかぶ》からとれる子株《こかぶ》を苗《なえ》として利用します。

だからといって、いいことばかりではありません。親株《おやかぶ》からとる苗《なえ》にも、良い面と悪い面があります。

たとえばなにかの事情《じじょう》で親株《おやかぶ》が病気にかかっていると、その病気まで苗《なえ》に引き継《つ》がれます。それを知らずに育てると、手間も場所もお金もむだになります。

それをさけるための知恵《ちえ》が、農家にはあります。イチゴの苗《なえ》づくりではむかしから、「太郎苗《たろうなえ》は使うな」といわれてきました。

ランナーがのびるにしたがって、子苗《こなえ》がいくつもできてきます。イチゴ農家はそれらを、親株《おやかぶ》から近い順に太郎苗《たろうなえ》、次郎苗《じろうなえ》、三郎苗《さぶろうなえ》、四郎苗《しろうなえ》……と呼《よ》んで、区別します。

太郎苗《たろうなえ》を使わないのは、親株《おやかぶ》にもっとも近いためです。大きい、おいしいといったすぐれた性質《せいしつ》が期待できる一方で、病気などの悪い性質《せいしつ》がつたわる可能性《かのうせい》も高まります。その点、次郎《じろう》から先の苗《なえ》になれば安心して使えるということを、イチゴ農家は自分たちの経験《けいけん》から学びました。

イチゴの苗《なえ》づくりで農家は、炭《たん》そ病《びょう》をいちばんおそれます。糸状菌《しじょうきん》というかびの一種が引き起こす病気で、イチゴにとっては命とりにもなりかねません。もっとも、人間にうつることはない病気なので、消費者《しょうひしゃ》が気にすることはありません。

炭《たん》そ病《びょう》にかかったイチゴの葉。黒いはん点があらわれるⒽ

イチゴの花と果実《かじつ》

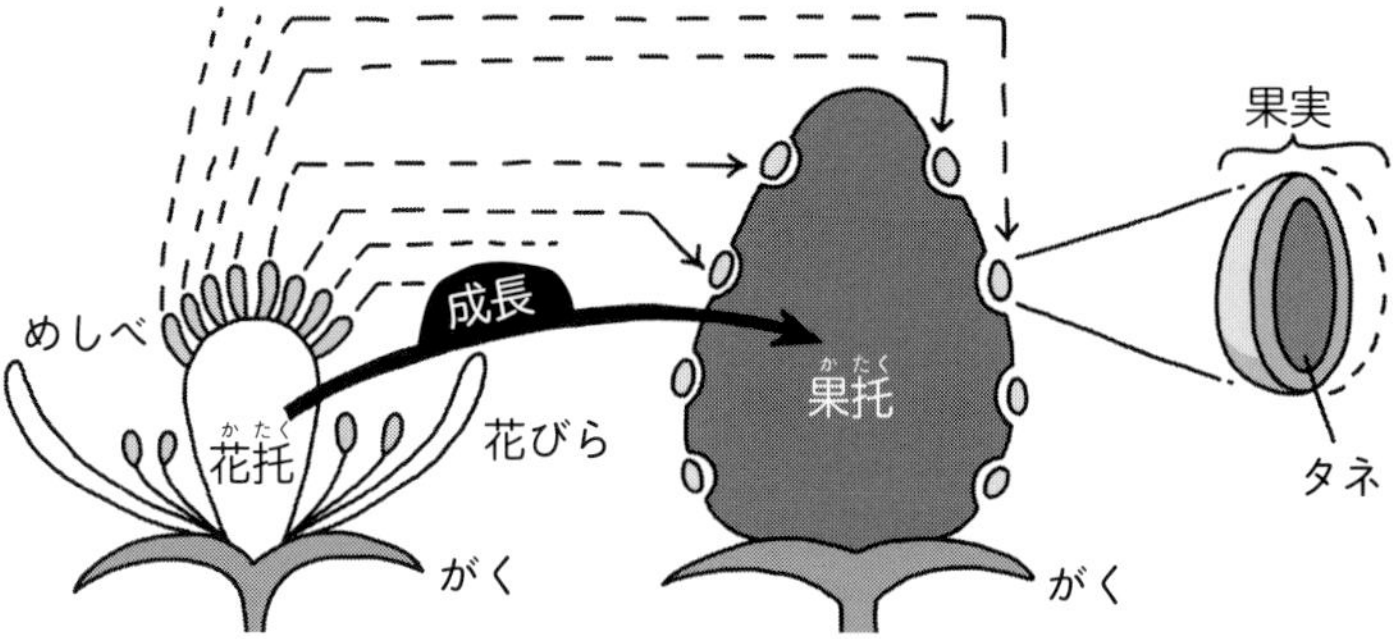

めしべがつく台のような部分が「花托《かたく》」で、それが大きく育って、食用部分の「果托《かたく》」になる。その果托《かたく》の表面にくっつくゴマつぶのようなものがほんとうの果実。タネは果実の中にかくれている。

親株《おやかぶ》と子株《こかぶ》

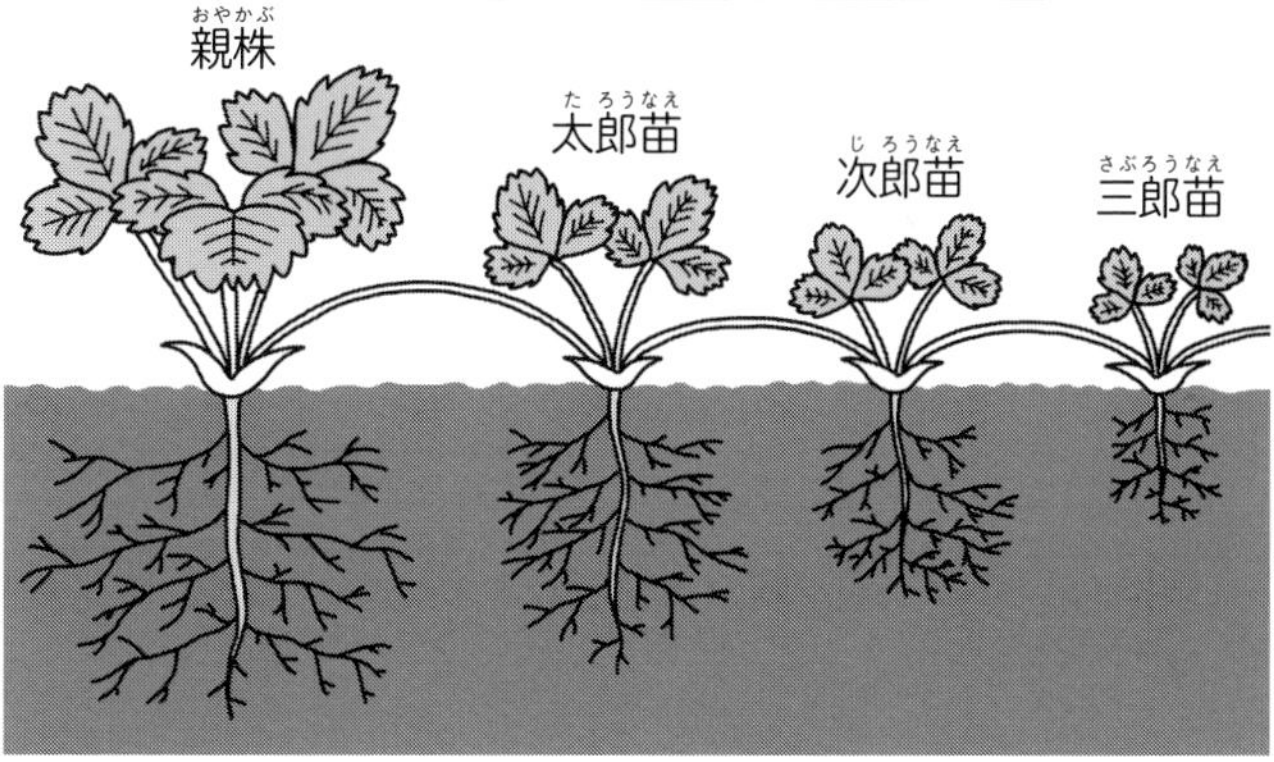

親株《おやかぶ》からつるのような「ランナー」がのびて、株《かぶ》がふえていく。それを兄弟にたとえて、親株《おやかぶ》に近いほうから太郎苗《たろうなえ》、次郎苗《じろうなえ》、三郎《さぶろう》苗《なえ》と呼《よ》んでいる。

この病気にかかったイチゴのランナーや葉には炭のような黒い部分があらわれ、ひどいときには株《かぶ》が枯《か》れます。苗《なえ》のうちは無事に見えても、定植してから症状《しょうじょう》があらわれることもある、やっかいな病気です。

炭《たん》そ病《びょう》は、高温・多湿《たしつ》の時期に広がりやすいとされています。つまり、じめじめした梅雨《つゆ》のころがあぶないということです。ところがイチゴの苗《なえ》づくりはまさにその時期の作業になるため、農家はとても神経《しんけい》をつかいます。

雨が降《ふ》ったり、水やりのときのはねかえりでかびの胞子《ほうし》が飛んだり流れたりして、病気を広げます。畑で育てる土耕栽培《どこうさいばい》だと、その危険《きけん》がさらに高まります。

ケンさんが始めた高設栽培《こうせつさいばい》は、それまでの苗《なえ》づくりのしかたも変えました。たなの上に置いた親株《おやかぶ》からランナーをのばし、そこにできる子株《こかぶ》を綿《わた》で包んで根を出させます。発根《はっこん》したらランナーから切りはなし、土の入った紙ポットにさして育てます。

一株《かぶ》から十本のランナーがのび、それぞれに苗《なえ》が三つできれば、親株《おやかぶ》一株《かぶ》から、最低三十個《こ》の苗《なえ》ができる計算です。

屋外のたなに親株《おやかぶ》をセットしたら、苗《なえ》づくりの始まりだ

つるのようなランナーにできた小さな苗《なえ》は綿《わた》で包み、根を出させるⒽ

高設栽培《こうせつさいばい》の苗《なえ》のとりかたはまさに、空中栽培《さいばい》です。ランナーが地面をはわないため、炭《たん》そ病《びょう》にかかる心配がうんと減《へ》ります。それが、それまでの土耕栽培《どこうさいばい》の苗《なえ》づくりとの大きなちがいです。

初めての年、ケンさんが最後の収穫《しゅうかく》を終えたのは五月の半ばでした。そしてそれからすぐ、次の栽培《さいばい》の準備《じゅんび》に取りかかりました。

屋外に設《もう》けたたなには、ランナーが何本もたれ下がっています。

「このやりかたなら苗《なえ》づくりも楽だし、安全だ。まるで、みどりの滝《たき》みたいだなあ」

炭《たん》そ病《びょう》を気にせずにすむので、ケンさんの心も晴れやかです。

できた苗《なえ》は、八月末から九月初めまで夜冷庫《やれいこ》に入れます。夜冷庫《やれいこ》というのは、銀色のシートでおおったハウスみたいなものです。

どうしてすぐに定植しないかというと、花を咲《さ》かせる準備《じゅんび》が苗《なえ》にできていないからです。そこで、まだ暑い時期に苗《なえ》をわざと低温に当て、寒さを経験《けいけん》させます。

たれ下がるランナーにたくさんできた苗《なえ》。土にふれないため、炭《たん》そ病《びょう》にかかりにくいⒽ

花が咲《さ》く時期を早めるため、苗《なえ》はしばらく夜冷庫《やれいこ》に入れておく。銀色のシートでおおった小型《こがた》ハウスのようなものだⒽ

そのころは毎日、夕方六時から翌朝《よくあさ》九時まで、夜冷庫《やれいこ》の温度を十二度にしておきます。午前九時になったらシートを外して日光に当て、夕方にはまたかぶせて、涼《すず》しい状態《じょうたい》を保《たも》ちます。

暑い時期に温度が下がると、苗《なえ》が季節をかんちがいします。そして本来なら春になって咲《さ》く花がそれよりもずっと早くから咲《さ》き始め、実をつけるようになります。その結果、まだ寒い冬から、あまいイチゴを食べることができるのです。

ケンさんが育てるのはこうしたイチゴで、専門的《せんもんてき》には「促成栽培《そくせいさいばい》」と呼《よ》ばれる方法です。

二〇〇三年、九月半ば。

二年目のハウス栽培《さいばい》が始まりました。

ケンさんのかかげる新たな目標は、ハダニ類をやっつける天敵《てんてき》のダニをこんどこそ使いこなすことです。

「去年のような失敗は、もうくりかえさないぞ」

気を引きしめ、さっそく定植の準備《じゅんび》にとりかかりました。

ハウスの側面に、目の細かいあみを張《は》りました。そうすることで、ハダニ類やアブラムシ類、アザミウマ類が飛びこまないようにします。

「ウマ」なんてたいそうな名前をもらっていますが、花や実をかじるアザミウマ類は体長二ミリメートルあるかどうかの小さな虫です。それなのに、イチゴだけでなく、トマトやキュウリ、ナス、ネギ、ピーマンなどさまざまな野菜に大きな被害《ひがい》をあたえます。

イチゴで花がやられると、そのあと、うまく育ちません。表面が茶色くかさかさになった実はもちろん、出荷できません。アザミウマではなく英語名の「スリップス」と呼《よ》ぶ人も多く、農家はとても警戒《けいかい》しています。

ケンさんはハウスの高設栽培《こうせつさいばい》システムに、屋外で育てていた苗《なえ》を一株《かぶ》ずつ、ていねいに植え付けました。

全部で約《やく》一万七千株《かぶ》です。数字を示《しめ》すのはかんたんですが、実際《じっさい》に植えるとなると、たいへんな手間です。

そのものすごい数のイチゴ苗《なえ》が、ハウスの中できれいに整列しました。

「害虫よけのあみは張《は》ったし、苗《なえ》も植えた。これで準備《じゅんび》は完了《かんりょう》だ」

季節を先どりする促成栽培《そくせいさいばい》ですが、保温《ほおん》のためのビニールをかけるのは一か月ぐらい先の十月末です。それまではまだ気温が高いため、ハウス内をあたためる必要がありません。

ビニールをすぐに張《は》らない理由は、もうひとつあります。

それは、台風に備《そな》えるためです。

ビニールを張《は》ったあとに台風が来たら、風であおられたり、ビニールそのものが飛ばされたりする心配があります。それをさけるための知恵《ちえ》でもありました。

九月はまだ暑く、夏のなごりがあります。

きょうもいい天気です。頭の上には、見事な青空が広がっていました。

スプリンクラーという器具で、霧状《きりじょう》の細かい水を苗《なえ》にまんべんなくかけました。

苗《なえ》がなんだか、とてもよろこんでいるように見えて、ケンさんまでうれしくなりました。

定植の進んだハウス。暑さと台風対策《たいさく》のため、ビニールは張《は》っていないⒽ

8 希望の第二ラウンド

ケンさんが住む福岡県《ふくおかけん》は、全国的に見ると、あたたかい土地です。でも、冬には雪が降《ふ》ることもあり、十一月に入るとさすがに寒い日が多くなります。

その直前、十月も終わりに近づくと、ケンさんは落ち着かなくなりました。

初めてのときは年が明けた二月に、天敵《てんてき》のチリカブリダニをハウスに放しました。専《せん》門家《もんか》のアドバイスどおりにしたつもりですが、結果的には失敗でした。

ケンさんは農業試験場をたずね、害虫担当《たんとう》の研究者に相談しました。

「成功させるためには、どこをどう変えればいいのでしょう」

率直《そっちょく》に疑問《ぎもん》をぶつけました。

「そうですねえ。ハウスに放す時期を変えてみたらどうですか。たとえば、前回よりもうすこし早くしてみるとか……」

「なるほどね。だけど、どれくらい早めればいいんでしょう」

「うーん。思い切って、いまから放してみませんか」

あまりにも意外な話だったので、ケンさんはちょっと、びっくりしました。

「ということは、三か月以上も早めるということですか？」

「ええ。前回の失敗は、ハダニ類のふえるスピードに追いつけなかったのが原因《げんいん》でしょう。だから、その前に天敵《てんてき》をふやしておくのです。どうです、この作戦でいきましょうよ」

その研究者はケンさんの疑問《ぎもん》に耳をかたむけ、まるで自分のことのように考えてアドバイスしてくれました。

農家の多くはどんなことにも慎重《しんちょう》で、だれかにすすめられた良いことでも、すぐには始めません。先に取り組んだ人のようすをじっくりながめ、ほんとうに安心できる結果が出てからでないと手を出しません。すこしぐらい早く始めて得《え》られる成果より、二番手になったとしても安全で確実《かくじつ》なほうを選ぶ傾向《けいこう》があります。

ケンさんはちがいます。失敗をおそれず、良いといわれることならなんでも試してみたいという意欲《いよく》が体からあふれています。

ケンさんはいつもほがらかで、よほどのことがない限《かぎ》り、困《こま》った顔を見せません。そんなケンさんの人柄《ひとがら》にふれるとだれもが、ともに成功させたいという気持ちになるようです。

「だいじょうぶ。タイミングが合えば、きっとうまくいきますよ。わたしといっしょにやりましょう」

「そうですよね。がんばります！」

新たな助言を得《え》て、ケンさんはすぐに、チリカブリダニを用意しました。

「これをまくだけでいいんだから、ほんとうに助かるよ。農薬にはもう、もどりたくない」

失敗したといっても、たったの一回です。あきらめるつもりはありません。かつて経験《けいけん》した農薬をまく苦労を思い出し、こんどこそ、なんとしても成功させようと心にちかいました。

「三か月は早まるんだし、ダニを食べるダニなんだ。本気を出せば、ハダニになんか、負けるわけがない」

ハダニ類がふえる前に、チリカブリダニをふやす——。いってみればこんどは、待ちぶせ作戦です。

試験場に何度も足を運ぶケンさんに、研究者は新たな提案《ていあん》もしました。

「じつはいま、別の新しい天敵《てんてき》生物の研究もしているんです。良かったら、それも試してみませんか?」

——はて、なんだろう。

そう思ったケンさんの体が、自然に前に出ました。

「チリカブリダニ以外にも使える虫がいるんですか？」

「ええ。アブラムシに寄生《きせい》する小さなハチと、アザミウマを食べるダニです」

このときは、二種類の新しい虫を紹介《しょうかい》されました。

アブラムシに寄生《きせい》するというハチには、コレマンアブラバチという名前がついていました。授粉用《じゅふんよう》のミツバチに比《くら》べるとうんと小さく、体長は約二ミリメートルしかありません。

そのハチなら、ぼくも知っていました。トマトの天敵《てんてき》農法でも早くから取り入れられた寄生《きせい》バチの一種です。

コレマンアブラバチのめすの成虫は、アブラムシの体に卵《たまご》を産みつける習性《しゅうせい》があります。しばらくしてふ化した幼虫《ようちゅう》はアブラムシを体内から食べて大きくなり、時期が来たらアブラムシの体をやぶって外に出ます。

こんなふうに説明すると、とてもおそろしい虫だと思われるかもしれません。でも、アブラムシが害虫だと考えれば逆《ぎゃく》に、頼《たの》もしく感じられないでしょうか。

それはともかく、コレマンアブラバチは、使いかたもすこし変わっています。チリカブリダニの場合にはボトルをふって、木くずみたいなものといっしょにイチゴの株《かぶ》にふりかけました。

ところがコレマンアブラバチは、容器《ようき》に入っている虫を外に出すようなことをしません。「バンカープランツ法」といって、ハウス内でコレマンアブラバチをふやしながらアブラムシをやっつけます。

チリカブリダニとあわせて使うことにしたケンさんは、そのコレマンアブラバチをふやすための小麦のタネを、プランターにまきました。プランターというのは草花や野菜を育てるときに使う、細長い植木ばちのようなものです。

小麦は毎年、ケンさんのお父さんが畑で栽培《さいばい》していました。でも今回は、収穫《しゅうかく》が目的ではありません。小麦がある程度《ていど》大きくなったころ、ムギクビレアブラムシという名前のアブラムシを放して葉や茎《くき》のしるを吸《す》わせ、数をふやします。

コレマンアブラバチを使うのは、害虫のアブラムシをやっつけるためです。それなのにわざわざアブラムシを持ちこむなんて、どういうことだと思われるかもしれません。

でも、心配はいりません。アブラムシの種類もいろいろで、小麦につくムギクビレアブラムシは、いくらふえてもイチゴの害虫にはならないのです。

それどころか、天敵《てんてき》のコレマンアブラバチからすると、どちらも自分たちが寄生《きせい》できるアブラムシです。そこで最初はムギクビレアブラムシに寄生《きせい》し、その体を使って仲間をふやしたコレマンアブラバチが、こんどはイチゴの害虫となっているアブラムシをおそいます。

たとえるなら、銀行（小麦）にあずけたお金（ムギクビレアブラムシ）に、利子（コレマンアブラバチ）がつくようなものです。それで銀行をあらわす英語の「バンク」ということばから生まれたのが、天敵《てんてき》をふやしながら害虫を退治《たいじ》するバンカープランツ法です。かんたんに、「バンカー法」とも呼《よ》んでいます。

プランターに小麦のタネをまいたのは、その〝銀行〟をつくるためでした。

この方法もトマトの栽培《さいばい》では早くから採用《さいよう》されていたので、ぼくにとっては、天敵《てんてき》をふやすためのなつかしいしかけでした。

バンカー法というものがあることは、ケンさんも知っていたそうです。でも、実際《じっさい》に試すのは初めてです。感心したように言いました。

「すごいなあ、自然の力というのは――」

アブラムシ退治《たいじ》の〝元手〟となる寄生《きせい》バチをすこしだけ用意すれば自然にふえて、天敵《てんてき》としてはたらく仲間をふやしてくれます。なんとも、ありがたい話ではありませんか。

小麦を育てたり別のアブラムシを放したりするので、かえって手間がかかるのではないかと疑問《ぎもん》に思う人がいるかもしれません。でも、実際《じっさい》にはその逆《ぎゃく》です。小麦は植えっぱなしで、特別な世話はしません。プランターごと、ハウス内に置いておくだけです。

長い目で見れば、寄生《きせい》バチをいちいち放すほうがずっと大変でしょう。必要になるたびに商品になっている寄生《きせい》バチを買い求め、ハウスにわざわざ入れないといけないからです。

自然の仕組みをまねたバンカー法なら、そんな必要がありません。それぞれの虫が勝手に、自分たちの生活をしてくれればいいのです。

「バンカー法はたしかに、便利な方法だね。だけど……」

ケンさんにはちょっと気になることがありました。

ハウスには、モモアカアブラムシとジャガイモヒゲナガアブラムシという二種類の害虫アブラムシがいることがわかっていたからです。

「小麦のムギクビレアブラムシはイチゴにつかないからいいとしても、イチゴ害虫のアブラムシを見分ける自信がないよ。区別しなくてもいいのかなあ」

観察に慣《な》れれば、だいじょうぶかもしれません。でも、広いハウスの中でひと目見て判断《はんだん》できるようになるには、かなりの経験《けいけん》が必要です。

すっかり親しくなった研究者に相談すると、こんな答えが返ってきました。

「心配ないですよ。寄生《きせい》されたアブラムシはどれも、こんなマミーになるんですから」

マミーというのは、英語でミイラのことです。寄生《きせい》バチであるコレマンアブラバチがさなぎになるとアブラムシの体がふくれ、まるで張《は》り子のようになります。それをミイ

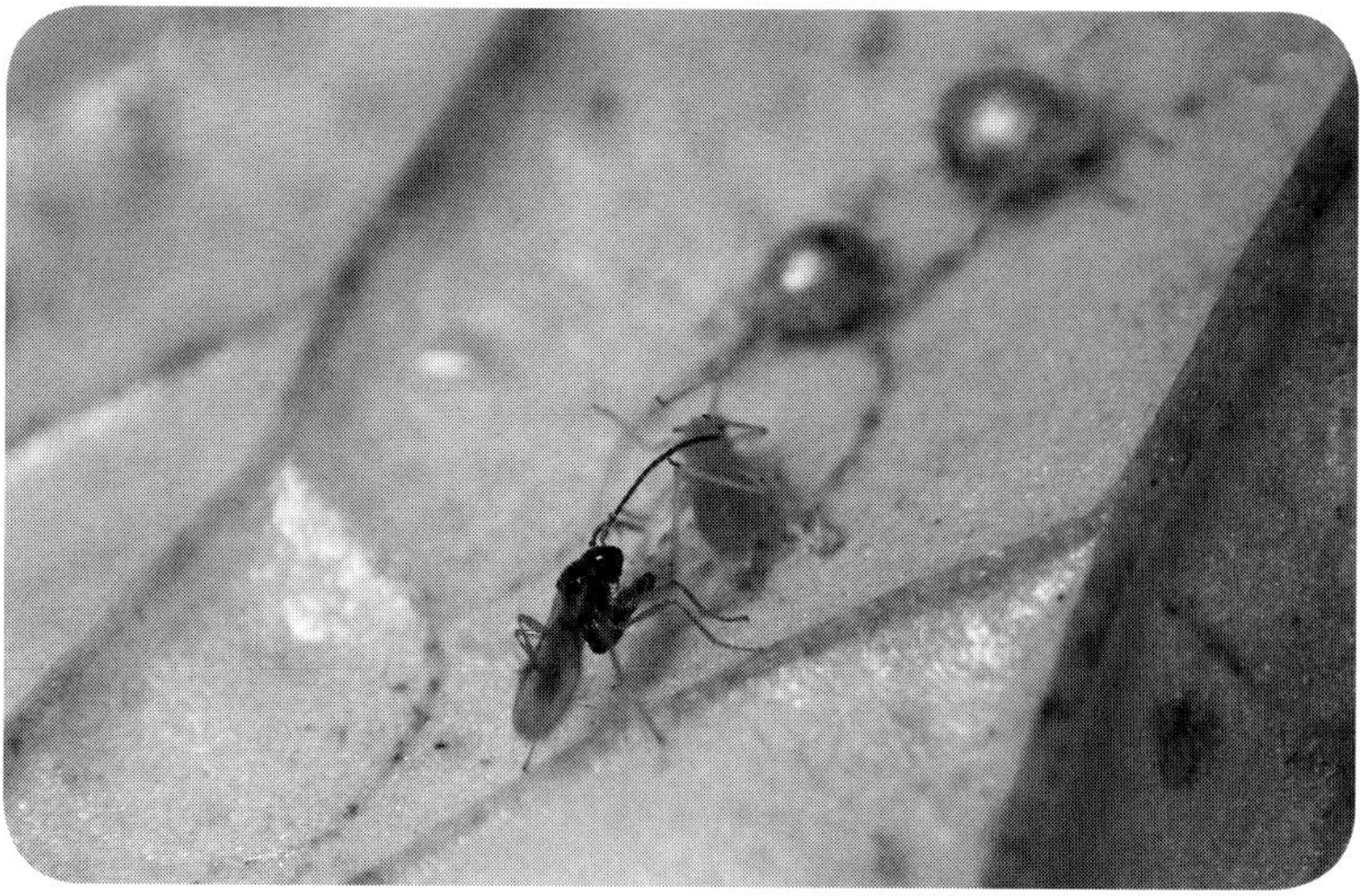

腰《こし》を曲げてアブラムシに卵《たまご》を産みつけようとしている寄生《きせい》バチ

コレマンアブラバチをふやすための小麦のプランターで、ふえ具合を見るケンさん。
「バンカープランツ法」と呼《よ》ぶ寄生《きせい》バチのふやしかただ

ラにたとえて、マミーと呼《よ》んでいます。

ムギクビレアブラムシに寄生《きせい》したコレマンアブラバチのマミーが、目の前にありました。

「なるほど。マミーさえ見つかれば、アブラムシの種類は見分けられなくていいんだね」

ケンさんはいくらか、ほっとしました。


こうしたバンカー法を用いるコレマンアブラバチとともに提案《ていあん》されたもうひとつの天敵《てんてき》が、ククメリスカブリダニでした。アザミウマ類を食べてくれるダニの一種です。

チリカブリダニは、ハダニ類をつかまえて食べる捕食性《ほしょくせい》のダニです。同じように「カブリダニ」とつく名前から判断《はんだん》すると、えさの好みが異《こと》なる天敵《てんてき》ダニということでしょう。

「三種類もいれば心強いなあ。これでもう、アブラムシもハダニもアザミウマも心配しなくてすみそうだ」

「がんばってほしいですね」

「それにしてもみんな、小さいよなあ」

ケンさんのつぶやきも、もっともです。害虫が小さければ、それをやっつける天敵《てんてき》も、やっぱり小さいようです。

でも、体の大きさは関係ありません。農家にとってはどれも、「生きている農薬」となる虫たちです。

コレマンアブラバチはチリカブリダニと同じ十一月、ククメリスカブリダニは年が明けて二月の初め、ハウスの中に入れました。

いよいよ、天敵《てんてき》生物と害虫の第二ラウンドの開始です。

9 気持ち新たに

ケンさんのイチゴハウスは、家のすぐ近くにあります。

ケンさんが「自分の職場《しょくば》」と呼《よ》ぶように、その中に入ればさっそく、仕事の始まりです。目の前に広がるみどりの海を泳ぐようにして、次つぎと作業をこなします。

害虫をやっつけたり、イチゴが病気にならないようにしたりすることは、イチゴ農家にとって大切な仕事です。すこしでも気を抜《ぬ》くと、とんでもないことになります。

でも、それがすべてではありません。最終的においしくて品質《ひんしつ》の良いイチゴが収穫《しゅうかく》できないと、「病害虫はゼロ」となってもしかたがありません。ケンさんがめざすのは、よそに負けない高品質《こうひんしつ》のイチゴづくりです。

米づくりではよく、「八十八の手間がかかる」といわれます。「米」という字をばらばらにすると八、十、八となることもあり、その作業がいかに大変か、どれほど気をつかうものかということをつたえることばとして知られています。

地域《ちいき》にもよりますが、米づくりは収穫《しゅうかく》までに約半年です。そう考えると、定植から収《しゅう》穫《かく》までに八か月はかかるイチゴ栽培《さいばい》のほうがずっと、手間のいる仕事かもしれません。

立派《りっぱ》なイチゴをとるためには、実の数をしぼらなければなりません。その作業は、花が咲《さ》いたときから始まります。

花が咲《さ》いたら一株《かぶ》に四、五輪だけ残し、そのほかは摘《つ》みとります。そうすることで養分がしっかり行きわたり、「あまおう」の名にふさわしい大きくてあまいイチゴに育ちます。

太陽の光が実によく当たるように、竹ぐしで葉をおさえる「玉出し」作業も大切です。「玉」というのはイチゴの実のことで、よく光を当てることも、あまいイチゴに育てる条件《じょうけん》のひとつになります。

「玉出し」作業をするケンさん

竹ぐしをさして、実に光がよく当たるようにする

「玉出し」に使う竹ぐしと、摘《つ》みとったイチゴの葉

加温機であたためた空気は、吹《ふ》き流《なが》しのような温風ダクトを通してハウス内に行きわたらせる

ハウスを暖房《だんぼう》するための加温機

収穫《しゅうかく》したイチゴはコンテナに入れ、そのあとでひとつずつ、箱に詰《つ》める Ⓗ

品質《ひんしつ》を良くするためには、水の管理もおこたれません。すこしずつ、何回にも分けて水をやります。

加温機であたためた空気は、温風ダクトと呼《よ》ばれるビニールの長い筒《つつ》のようなものを通して、ハウス内に流れます。

でも、温度の管理は機械にまかせっぱなしにせず、細かく調整します。ハウス内の風の流れによって、水のかかり具合も変わってくるためです。

ハウス内はよく、しっかりと見まわり、ムラができないように気をつけます。日差しが強い場合は天井《てんじょう》部分に、光をさえぎるシートを広げて張《は》ります。

もっとも大変なのは、約半年にもおよぶ収穫《しゅうかく》作業です。一番果から四番果まで、広いハウスの中をさがし歩き、熟《じゅく》したものだけを選んで摘《つ》みとっていきます。

出荷時間に間に合うように朝早くから収穫《しゅうかく》作業を始めますが、摘《つ》んでしまえば終わりかというと、そうではありません。摘《つ》んだイチゴはひとつずつ、パックに詰《つ》めなければなりません。

それがすむと次には、枯《か》れた葉をとったり株《かぶ》をととのえたりする管理作業が待っています。

そうやってその年の収穫《しゅうかく》が完全に終わったら、ハウス内をかたづけながら、親株《おやかぶ》の手入れや苗《なえ》の準備《じゅんび》にとりかかります。ハウスをよく調べ、こわれたところがあればすぐに直します。

苗《なえ》づくりだって、まったく手が抜《ぬ》けません。

農業では「苗半作《なえはんさく》」ということわざをよく、耳にします。苗《なえ》の良し悪《あ》しで、作物の出来具合は半分決まったようなものだという意味で使われます。

それはイチゴ栽培《さいばい》にも通じることで、苗《なえ》が悪いといくらがんばっても良いイチゴがとれません。それで水やり、病害虫の防除《ぼうじょ》、肥料《ひりょう》の管理などに追われることになります。

ケンさんのおもな仕事はイチゴの栽培《さいばい》管理ですが、家族経営《けいえい》協定で決めたように、お父さんが受け持つ田んぼの作業も手伝います。

稲《いね》を植えない年には麦や大豆を育てるため、田んぼにはいつもなにかが栽培《さいばい》されています。したがって、田んぼの見まわり、草刈《くさか》り、病害虫の管理などにも時間を割《さ》きます。

こうした仕事を毎日のようにこなしながら、イチゴハウスでは、天敵《てんてき》生物のはたらきぶりや害虫のようすを見てまわります。

「天敵《てんてき》農法では、観察が欠かせません。ハウスに入ったら、虫たちをよく見てくださいね」

農業試験場で、そう教わりました。

ケンさんは注意をしっかり守り、ハウスに入るときにはルーペを身につけるのが習慣《しゅうかん》になりました。

「チリカブリダニはどこかなあ」

そう思ったら、ルーペの出番です。

「ハダニはどうだろう。どれくらい減《へ》ったのかな」

そんなときにも、ルーペをのぞいてたしかめます。

栽培《さいばい》管理だけでなく、虫を観察することもいつの間にか、仕事の一部になっていました。

一年目の害虫とのたたかいでは、ケンさんとチリカブリダニのチームが負けました。ハウスに放す時期がおそすぎたようです。

まずはそれをあらためようと、二年目は三か月以上も早く、チリカブリダニをハウスに入れました。そして、新たな天敵《てんてき》の仲間として、コレマンアブラバチとククメリスカブリダニを使うことも決めました。

さらにもうひとつ、心に決めた目標がありました。「これまで以上に、虫たちを観察しよう」ということです。

「天敵《てんてき》の種類もふやすことだし、もっと観察に力を入れないとな」

参考になる農家は、まわりにありません。しかもケンさんは、やっと二年生になったばかりの〝天敵《てんてき》学校〟の生徒です。

先生に教わったことは、きちんと守るようにしています。でもまだ、経験《けいけん》が足りません。足りない部分は、努力で補《おぎな》うしかありません。

葉を一枚《まい》ずつ手にとり、ルーペを目に当てて、すこしの変化も見のがしてなるかと目をこらします。

チリカブリダニは、よくはたらいているようです。

その証拠《しょうこ》に、ハダニ類がずいぶん減《へ》りました。

「よしよし。チリカブリダニは、がんばっているな」

時期を早めたのが良かったのでしょう。こんどは効果《こうか》が期待できそうです。

いちばん困《こま》るのはハダニ類ですが、アブラムシ類やアザミウマ類も油断《ゆだん》できません。

そのために新しく入れた、コレマンアブラバチやククメリスカブリダニはどうでしょう。

ルーペを取り出し、この葉、あの葉とのぞいてみます。

「これはコレマンアブラバチのマミーだな。ということは、こいつもしっかりはたらいている」

ケンさんは満足そうに、ほほえみました。

「あとはククメリスカブリダニだけだ」

またまた、ルーペの出番です。

「おっ。ここにいる。あそこにもいるぞ。うーん。アザミウマは逆《ぎゃく》に、見つけにくいなあ」

害虫のアザミウマ類が見つからないのは、いいことです。ククメリスカブリダニもがんばっているということになるからです。

「これなら、だいじょうぶだ。やっぱり、天敵《てんてき》を使って良かったなあ」

ケンさんはほっとして、いつもの作業に力を入れました。

ハウス内にいる天敵《てんてき》の数は、万の単位になるでしょう。それだけの「生きている農薬」がいれば、ハウスのイチゴはもう安心です。

そんな毎日が続きました。害虫の心配をしなくていい、農薬を使わずにすむし、農薬をまく手間もいらないと思うと、心も軽くなります。観察もしっかりしていたつもりです。

ところが……。

二月半ばのある朝。

ハウスの中から、ケンさんのおどろいた声が聞こえました。

「いったい、いつの間にこうなったんだ!?」

仕事が一段落《いちだんらく》したので、久《ひさ》しぶりに時間をかけてじっくり、葉をのぞいてみました。

観察をさぼっていたわけではありませんが、何度も何日もルーペで見て虫たちのがんばりをたしかめたので、そのうちだんだん、観察のしかたがあまくなっていたのかもしれません。

コレマンアブラバチのマミーは、そこかしこにあります。

ククメリスカブリダニもがんばっているようで、アザミウマ類はあまり見つかりません。

でも、いちばんこわい害虫は、ハダニ類なのです。

「こんなにハダニがいるなんて、信じられない」

おどろきの声は、ハダニ類のせいでした。

でもケンさんには、その理由がなんとなく、わかりました。チリカブリダニが思うようにふえていないか、ハダニ類のふえかたがそれ以上だということでしょう。

さらによく見ると、効果《こうか》のあるところと、そうでないところがありました。つまり、株《かぶ》によるムラができていたのです。

ハダニ類の数がふえれば、そのとなり、そのまたとなりの株《かぶ》と移《うつ》っていって、さらに被害《ひがい》を広げる可能性《かのうせい》があります。

「しかたがない……」

ケンさんはダニ剤《ざい》を持ち出し、クモの巣みたいになったところにふりかけてまわりました。ただし、全体にまいた去年とちがい、今回は被害《ひがい》のあるところだけにしました。

ムラがあっただけで完全な失敗ではありませんが、二年続けてのまさかの敗北となりました。

一年目の経験《けいけん》を生かし、十分に気をつけて観察し、天敵《てんてき》たちのはたらきぶりをほめてきました。

でも、またしてもだめでした。

どうやら、チリカブリダニの力を信じすぎたようです。早くからハウスに入れたのだから、ちゃんとはたらいているようだからと観察の手をゆるめたことが、二年目の失敗につながったようです。

「ほんのちょっとの油断《ゆだん》がまねいたことだ。気のゆるみが大変な被害《ひがい》につながるんだな」

ケンさんは、次の失敗をさけるために自分の行動をふりかえり、反省しました。

「でもまあ、あとの虫たちががんばってくれれば、なんとかなるだろう」

明るい、いつものケンさんのことばです。どんなときもケンさんは、前だけを見ているようです。

失敗にいつまでもこだわることなく、毎日の管理や収穫《しゅうかく》作業に力を注ぎました。

五月の半ば。出荷シーズンが終わろうとしていました。

いつものようにハウス内を見まわり、アブラムシのようすを見ていたケンさんは、はっとしました。

「おかしいなあ。ひげの長いアブラムシがなんだか、多い感じだ」

アブラムシの種類の見分けはやはり、ケンさんにはできません。見まちがいということもあります。念のため、近くの農業改良普及《ふきゅう》センターの人にたしかめてもらいました。

「どのアブラムシですか？」

「これなんだけど……」

ケンさんが指さすと、普及《ふきゅう》センターの人はルーペを手にして葉をたんねんに見たあとで、こんなふうに言いました。

「これは、ジャガイモヒゲナガアブラムシですねえ」

コレマンアブラバチはどうやら、寄生《きせい》するアブラムシを選ぶようでした。モモアカアブラムシには寄生《きせい》しても、ジャガイモヒゲナガアブラムシには寄生《きせい》しなかったのです。専門家《せんもんか》といっても、すべてのことを知っているわけではありません。だれだって、勉強しながら、経験《けいけん》を積みながら知識《ちしき》をたくわえていくのです。ケンさんはこの〝アブラムシ事件《じけん》〟を通して、そんなことも学んだように思いました。

ジャガイモヒゲナガアブラムシは五年に一度、しかも収穫《しゅうかく》末期にしか発生しないようです。基本的《きほんてき》には無視《むし》して良さそうだとわかりましたが、ケンさんは念のため、農薬をまくことにしました。

ともあれ、結果的には前の年を上回る収穫量《しゅうかくりょう》・品質《ひんしつ》になり、二年目を終えることができ、ケンさんはほっと胸《むね》をなでおろしました。

「それにしても、天敵《てんてき》たちと付き合うのは思っていたよりもむずかしいんだなあ」

ケンさんは、ほんのちょっぴり、弱気になりました。

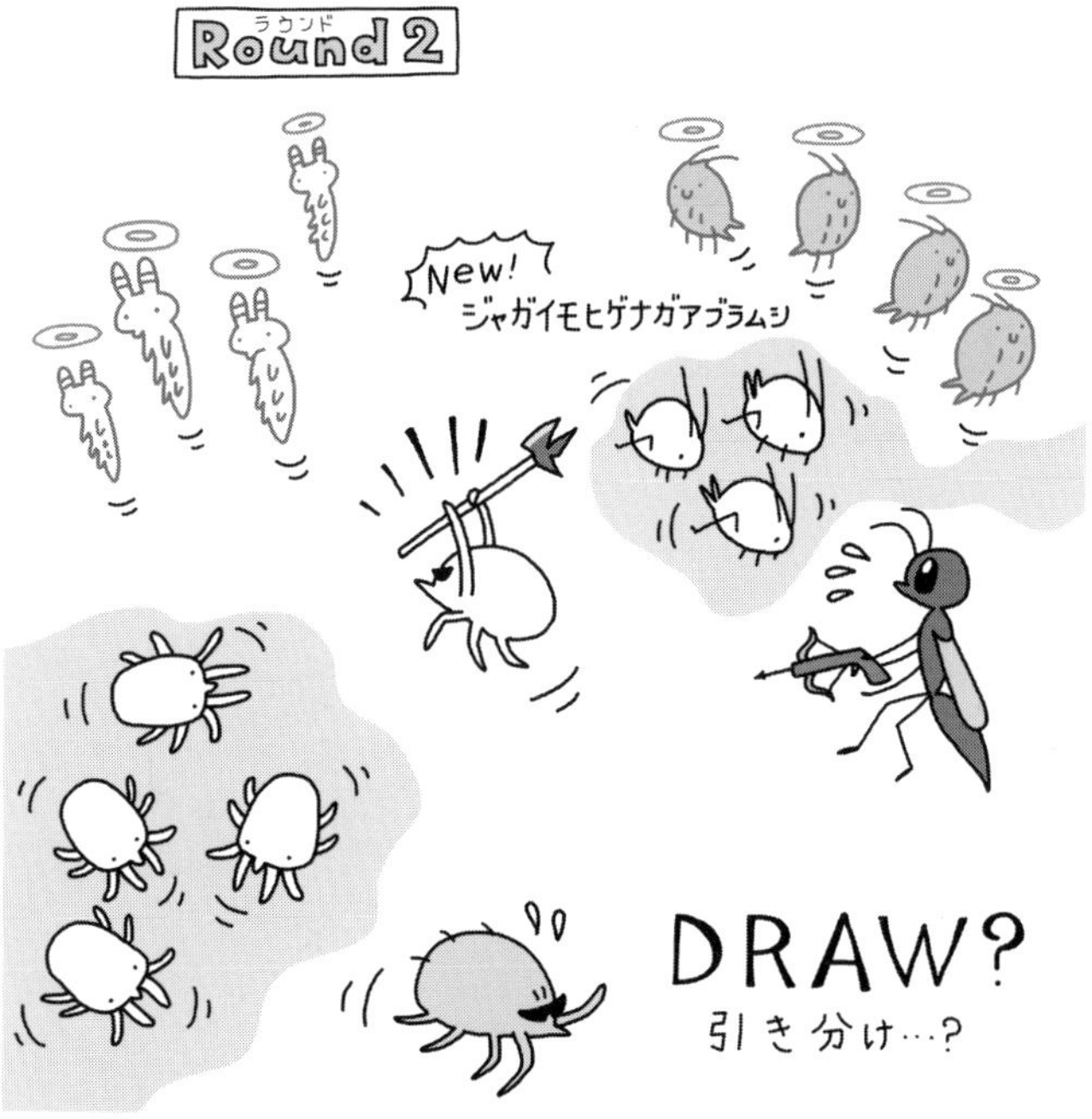
Round《ラウンド》 2
New!
ジャガイモヒゲナガアブラムシ
DRAW?
引き分け…?

10 イチゴづくり五か条《じょう》

「考えてみれば、虫たちからはいろいろ教えてもらったなあ」

二度の失敗から、ケンさんはいくつかのことを学びました。そのことをあらためて、五つに整理してみました。

いってみれば、ケンさんならではの「イチゴづくり五か条《じょう》」です。

一、天敵《てんてき》の力を過信《かしん》しない。

二、変化がすぐにわかる仕組みをつくる。

三、初めに、害虫がいないようにしておく。

四、新しい知識《ちしき》・情報《じょうほう》には敏感《びんかん》になる。
五、なによりも観察をしっかりする。

こうしてならべると、反省すること、改善《かいぜん》すべきことがよく見えてきました。この五か条《じょう》を守ることが、成功へのかぎになりそうです。

六月。三年目の栽培《さいばい》に向けた、苗《なえ》づくりが始まりました。苗《なえ》はハウスの外で育てます。それまでの経験《けいけん》から、害虫や病気をハウスに持ちこまないことがいちばんの対策《たいさく》になることがわかってきました。用意する苗《なえ》が健康なら、安心してハウス栽培《さいばい》のスタートが切れます。

このことは五か条《じょう》の三番目、「初めに、害虫がいないようにしておく」ということにほかなりません。

そして同時に、総合的《そうごうてき》に栽培《さいばい》を管理するというＩＰＭ《アイピーエム》の考えの一部でもあります。健康で元気な苗《なえ》なら、病害虫の攻撃《こうげき》に耐《た》える力も高まります。

そんなある日のことでした。

定期的にようすを見に来てくれる農業試験場の人が、いいニュースを運んできてくれました。

「チリカブリダニにほとんど影響《えいきょう》のない農薬が出ましたよ」

農薬をまけば、ハダニ類といっしょに、天敵《てんてき》ダニも死んでしまいます。それなのに、天敵《てんてき》には影響《えいきょう》がないということでしょうか。

ケンさんはたずねました。

「それは、天敵《てんてき》がいるハウスでも使えるということ?」

「そうなんです。特定の虫には毒《どく》になっても、ほかのほとんどの虫には影響《えいきょう》がないものです。めざす害虫だけやっつける農薬です」

害虫とたたかうときに役立つ新商品でした。

同じ農薬を使い続けると害虫に抵抗力《ていこうりょく》がつくとわかっていても、それしかなければ、しかたがありません。失敗したとわかったときにまいたのは、以前からあるダニ剤《ざい》でした。

その結果どうなったのか、ケンさん自身がいちばんよく知っています。

そういうことを考えると、すばらしい知らせです。いつも以上にうれしそうな表情《ひょうじょう》を見せました。

「ありがたいなあ。それならもし農薬に頼《たよ》ることになっても、天敵《てんてき》を殺《ころ》さずにすむ」

いいことは続くもので、チリカブリダニの後輩《こうはい》として、ミヤコカブリダニもハダニ類の天敵《てんてき》として使えるようになりました。ミヤコカブリダニは日本にもともとすんでいるダニの一種ですが、農業に利用するダニとしては新顔でした。

すべての天敵《てんてき》ダニをハウスに入れる必要はないでしょう。でも、使える種類がふえれば、ようすを見ながら、より良い天敵《てんてき》ダニを選んで使うことができます。

「これでさらに、天敵《てんてき》農法がやりやすくなるぞ」

イチゴ栽培《さいばい》のおうえん団員《だんいん》がふえたような気分です。五か条《じょう》の四番目、「新しい知《ち》識《しき》・情報《じょうほう》には敏感《びんかん》になる」を実践《じっせん》したことが、新しい虫との出会いにつながりました。

明るい気持ちで苗《なえ》づくりをするようになったからでしょうか、うれしい発見もありました。

七月下旬《げじゅん》のことです。ケンさんはいつものように屋外で、苗《なえ》の管理に精《せい》を出していました。

「それにしても暑いなあ」

おでこのあせをふきながら、なにげなく、苗《なえ》に目をやりました。

そのとき、かすかに動くものがありました。

虫です。

体長は一ミリメートルぐらいでしょうか。小さいながら、体には独特《どくとく》のしまもようがありました。

「はて。こんな虫、いたかなあ……」

気になって、農業改良普及《ふきゅう》センターの人に名前を調べてもらいました。

「おっ！　これは、ハダニアザミウマじゃないですか」

「これも害虫なの？」

「いやあ、その反対ですよ。アザミウマの一種なんですが、名前にハダニとつくように、ハダニをやっつけてくれる虫です」

「だったら……もしかして、ハダニの天敵《てんてき》ということ？」

「そうです。土着種だから、このあたりに以前からすんでいたんでしょうね」

説明を聞いて、ケンさんのよろこんだこと！

地元の虫が、イチゴの害虫をやっつけてくれるというのです。しかも、わざわざつかまえてきてふやさなくても、苗《なえ》を育てているとどこからかやってきて、にくいハダニ類を食べてくれるそうです。

その虫がたしかに土着種だということは、苗《なえ》づくりをしている場所のすぐ横に植えた大豆からもわかりました。

ハダニアザミウマは、イチゴよりも先に大豆の葉に寄《よ》りつき、イチゴの苗《なえ》が大きくなると移《うつ》りすむ習性《しゅうせい》があることも、普及《ふきゅう》センターの人に教えてもらいました。「新しい知《ち》

天敵《てんてき》のミヤコカブリダニ㊦と、害虫のナミハダニ㊤。丸いのはミヤコカブリダニの卵《たまご》Ⓗ

ハダニ類の天敵《てんてき》となるハダニアザミウマの成虫Ⓗ

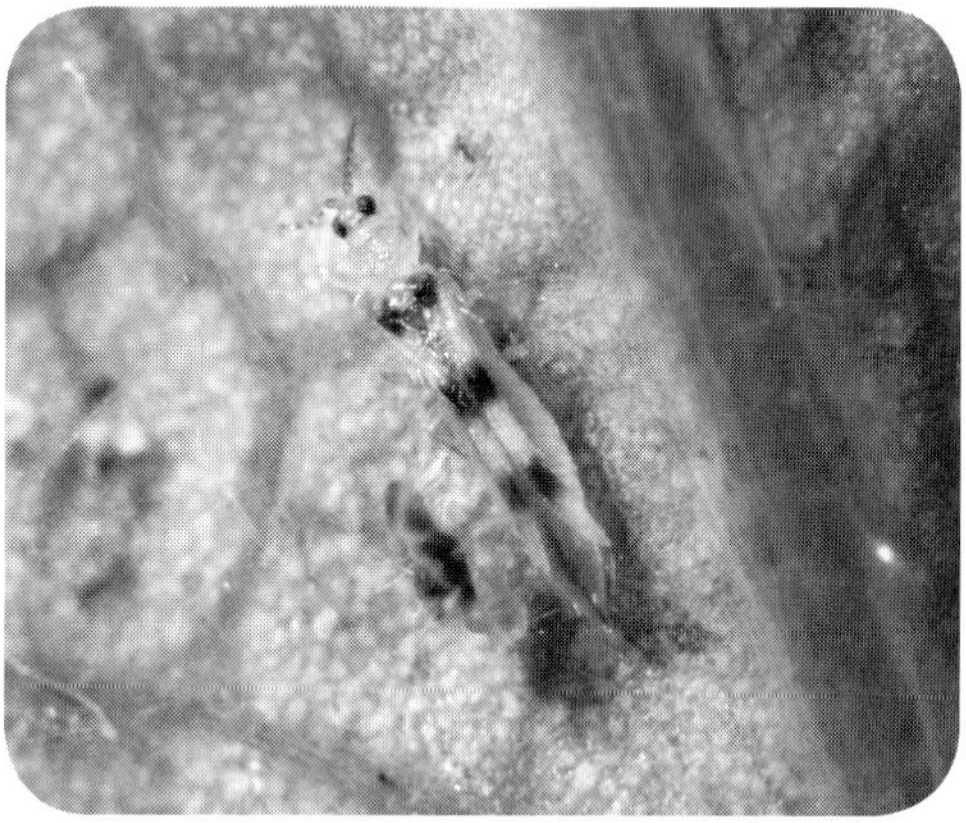

とうめい感のあるハダニアザミウマの幼虫《ようちゅう》Ⓗ

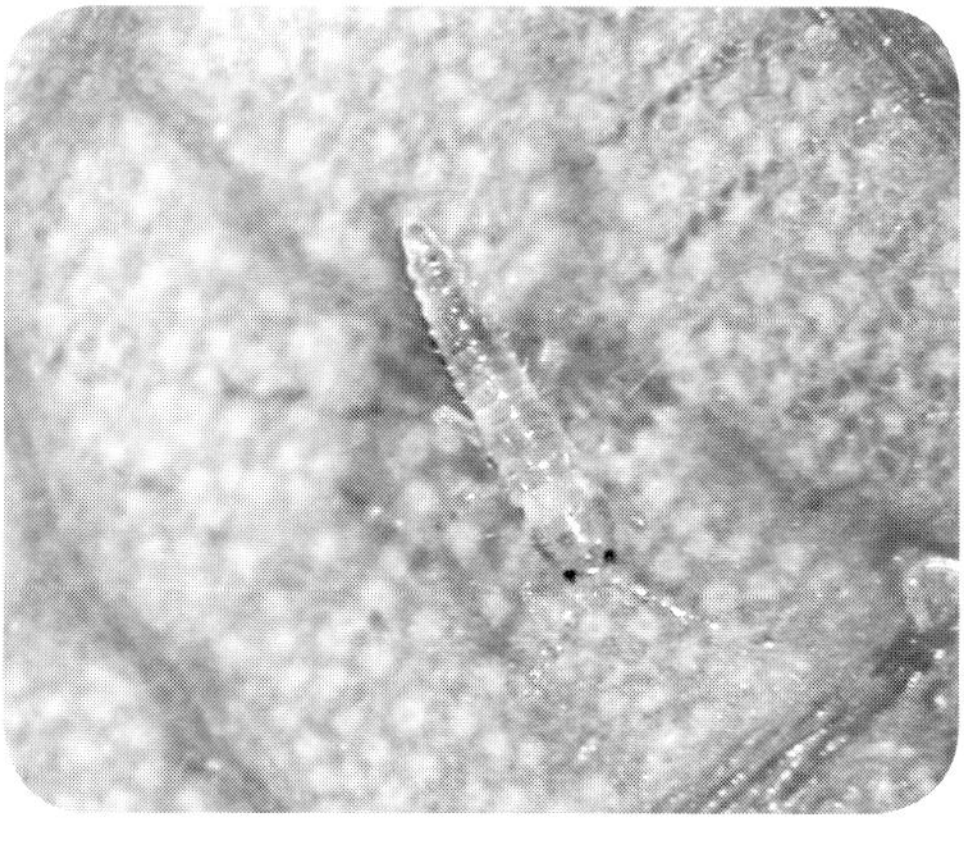

識《しき》・情報《じょうほう》には敏感《びんかん》になる」という五か条《じょう》の四番目が、ここでもしっかり、実践《じっせん》されました。

そうした知識《ちしき》が栽培《さいばい》の現場《げんば》で学べることに、ケンさんは心から感謝《かんしゃ》しました。ケンさんのやっているイチゴの天敵《てんてき》農法が新しい取り組みだということもあって、農業試験場や普及《ふきゅう》センターなどの専門家《せんもんか》が足しげくケンさんのところに来てくれるからでした。

「ほんとうにありがたいことだ。いつか、恩返《おんがえ》しできるといいな」

そんな気持ちを胸《むね》に秘《ひ》めながら、ケンさんは知りたいこと、困《こま》ったことがあるとすぐ、そうした人たちに助言を求めました。

それにしても、農薬だけに頼《たよ》っていたら、知らず知らずのうちに、こうした自然界にいる天敵《てんてき》まで殺《ころ》していたかもしれません。ＩＰＭ《アイピーエム》という考えが生まれたのは、農薬だけに頼《たよ》るそうした農業のやりかたに疑問《ぎもん》をいだく農家や研究者が多くなったからでした。

ぼくが子どもだった一九六〇年代は、当たり前のように農薬を使っていました。

なかでも殺虫剤《さっちゅうざい》の効《き》き目《め》はすばらしく、まいたところの生きものはすべていなくなりました。

むしろ、それくらい効《き》かないと農薬の価値《かち》がないように思われ、ほかの虫たちに気を配ることはしてきませんでした。

身近にいたカエルやザリガニが、次第に減《へ》っていきました。農薬のついた虫を食べた鳥の被害《ひがい》も出てきました。

一九七〇年代になるとだんだん、「農薬に頼《たよ》りすぎたのではないか」「このままだと人間にも影響《えいきょう》が出るかもしれないぞ」といった声が上がるようになりました。その一方で、田んぼや畑にはいろんな生きものがいていいはずだという見方も広がってきました。

農薬がすべて悪いということではありません。現代《げんだい》の科学知識《ちしき》では、正しい使いかたをすればまったく問題ないとされています。だからＩＰＭ《アイピーエム》でも、農薬を否定《ひてい》することはありません。

自然にはむだがないとよくいわれます。このごろは「種の多様性《たようせい》」がさけばれ、さまざまな生きもののいる環境《かんきょう》を保《たも》とうという意見も多くなりました。

見方を変えれば、どんな虫もなにかの役に立っているのでしょう。でも、農家にとって農業のさまたげになる「害虫」が生まれることもまた事実です。

ケンさんとハダニアザミウマとの出会いは、生きている虫で生きている害虫をやっつける農業をめざしたおかげで知った「生きた知識《ちしき》」といえるものでした。

親株《おやかぶ》にハダニ類がついていても、土着種である天敵《てんてき》のハダニアザミウマが死ぬような農薬を使わなければ、苗《なえ》づくりの段階《だんかい》でハダニ類を減《へ》らすことができます。そしてその苗《なえ》をハウスに定植すれば、ハダニ類の少ないイチゴ栽培《さいばい》にとりかかれます。


九月初め。ケンさんは五か条《じょう》の三番目、「初めに、害虫がいないようにしておく」ため、苗《なえ》を入れる前のハウス全体に農薬をまきました。定植前のがらんとした状態《じょうたい》なので、生きものを気にせずにまくことができます。

決められたとおりに使えば、土にしみこんだり流れたりして環境《かんきょう》を悪くする心配はありません。少なくとも、現代《げんだい》の科学では安全だとされています。

病害虫を見つけたわけでもないのに、どうしてまくのだろう。それこそ、むだではないか――という疑問《ぎもん》もわきます。

しかしそれも、IPM《アイピーエム》の考えかたに沿《そ》ったものです。

予防《よぼう》をしっかりすることでその後に使う農薬が減《へ》れば、全体としては農薬の使用がおさえられることになります。まさに、先手必勝といっていい病害虫の管理方法です。

九月半ば。ケンさんは、害虫がいないハウスに苗《なえ》を定植しました。ハダニアザミウマのおかげで、ハダニ類がほとんどいない苗《なえ》のはずです。

それから一か月ほどして、新顔のミヤコカブリダニをまず入れました。

「油断大敵《ゆだんたいてき》」ということわざがあります。なにが待ちかまえているか、わかりません。まさに五か条《じょう》の一番目、「天敵《てんてき》の力を過信《かしん》しない」ことです。ここで気を抜《ぬ》くわけにはいきません。

年が明けると、ハダニ類がふえる時期です。そこで次に、チリカブリダニを加えることにしました。

先に入れたミヤコカブリダニもがんばっているはずですが、ハダニ類の繁殖力《はんしょくりょく》に負けないようにするには、ハダニ類をより多く食べるチリカブリダニが必要だと考えたからでした。

前の年に効果《こうか》のあったコレマンアブラバチとククメリスカブリダニも、あわせて使いました。

ケンさんはこんなふうに五か条《じょう》を守り、細かいところにまで気を配りながら、三年目の栽培《さいばい》を進めていきました。どれもこれも大切なことがらですが、特に心がけたのが五番目の「なによりも観察をしっかりする」ということでした。

自分では前の年も、熱心に虫たちを見ていたつもりです。しかしそれではまだ、観察不足だったようです。

同じあやまちは、くりかえしたくありません。

最初のうちは、どんな変化も見のがすものかと、虫やイチゴの株《かぶ》のようすを熱心に見ていました。でも大きな変化がないと、「天敵《てんてき》はいるようだし、まあだいじょうぶだろう」と、だんだん安心してしまいます。そこが失敗の始まりのようにも思えました。

天敵《てんてき》も害虫も、生きている虫です。どちらもえさを食べて、仲間をどんどん、ふやします。

「頭ではわかっていたつもりだったけど、それではいけないんだ。考えてみれば、食べるえさがちがうだけで、虫たちはどれもみんな、ふえているんだよな」

そのとおりです。だからといって、同じふえかたではありません。虫によって当然、ちがいがあります。

天敵《てんてき》がふえるためには、えさになる害虫が必要です。害虫が少ない、つまりえさが少ないと、天敵《てんてき》は自分の仲間をふやせません。

天敵《てんてき》が思うようにふえないと、害虫に生きのびるチャンスが生まれます。そうなるとこんどは天敵《てんてき》に見つからないようにして害虫が数をふやし、イチゴへの被害《ひがい》を大きくします。

それが二年目の失敗につながったのではないかと、ケンさんは考えました。

「思うようにはいかないなあ。だけど、失敗は明日へのヒントだ」

これがケンさんです。半歩でも、その半分でもとにかく前に進もうとつとめます。

どんなことも、むだにはしません。だからこそ、失敗の数だけ前に進めるのです。

でもそれは、口で言うほどかんたんではありません。

小学校の教室でいえば一棟《とう》が五、六クラス分もある広いハウスです。それが全部で六棟《とう》あり、約一万七千株《かぶ》も植わっています。

しっかり観察しようと思っても、イチゴの世話をしながらなので、大変です。観察をさぼっていたから失敗したわけではありません。

「ハダニが多いのはたしかだ。よく見れば、どの株《かぶ》にも何匹《なんびき》か見つかる」

しかし、ハダニ類がいれば必ず被害《ひがい》が出るわけでもありません。問題になるのは、数が多い株《かぶ》だけです。それが、被害《ひがい》のムラとなってあらわれます。

とにかく、広いハウスです。天敵《てんてき》たちには、害虫の数が多くて被害《ひがい》がより心配なところでしっかり、はたらいてほしいのです。

ハダニ類がいちばん困《こま》ります。そうはいっても、アブラムシ類やアザミウマ類、うどんこ病、炭《たん》そ病《びょう》にも気をつけないといけません。

「この三種類の害虫や病気には、とくに注意しないと……」

まさに、そのとおりでしょう。

でも、ケンさんのハウスはあまりにも広すぎます。観察に力を入れるにしても、できるだけ効率《こうりつ》よくしなければなりません。

「さて、どうしたものかな」

そのときふと、ケンさんの頭になにかがひらめきました。

うどんこ病にかかったイチゴ。白っぽくなっているⒽ

「そうか。目印があればいいんだ。この株《かぶ》には注意が必要だと知らせるようなものが!」

参考になることをしているトマト農家の話を、新聞で読んだおぼえがありました。ケンさんは、それと同じようなものをつくろうと思いました。

子どものころから、工作は得意《とくい》です。すぐさま、三種類に色分けした旗をつくりました。

「赤い旗は、いちばん注意が必要なハダニのいる株《かぶ》に使おう。黒い旗はアブラムシだ。白い旗は、葉や実が白くなるうどんこ病だと知らせるものにしよう」

用意した旗には、針金《はりがね》をつけました。注意が必要な株《かぶ》の根元にすっとさしこめば、遠くからでも見えるはずです。

ためしに何か所かにさして、はなれた場所から見てみました。

はっきりわかります。まさに、ねらいどおりでした。

工夫《くふう》は、それだけではありません。

六棟《とう》のハウスにもそれぞれ、番号をつけました。三本の旗とあわせて活用すれば、何番のハウスのどの株《かぶ》に病気や害虫が発生しているのか、ひと目でわかります。あとは、

ハウス内につけた番号札。これがあれば、どの棟《とう》で異常《いじょう》があったのかがよくわかる

害虫の発生具合を見るための粘着板《ねんちゃくばん》。くっついた害虫の数から推測《すいそく》する

病害虫の発生株《かぶ》を知らせる旗は、見つけやすいように通路がわに向ける

それらの目印にしたがって、天敵《てんてき》を放したり病気の株《かぶ》をとり除《のぞ》いたりすればいいのです。

「あれもこれも、失敗のおかげだな」

あらためてそう思う気持ちのゆとりも生まれました。

まさに、そのとおりでしょう。ケンさんのイチゴづくり五か条《じょう》の二番目、「変化がすぐにわかる仕組みをつくる」は、こういう形で実を結びました。

三年目となったケンさんのイチゴ栽培《さいばい》は、無事に終わりました。

三種類の旗のアイデアと新しい天敵《てんてき》ダニ・土着天敵《てんてき》の登場には、とても助けられました。そしてそれは、自分で整理した「イチゴづくり五か条《じょう》」を守り実行した成果《せいか》でもありました。

「良かったですね。これくらい害虫がおさえられれば、天敵《てんてき》農法は成功ですよ」

研究者や友人が、いっしょになってよろこんでくれました。

「ありがとう。使いこなせたとはいえないけど、今回は手ごたえを感じるよ」

愛用のルーペを手に、ケンさんは照れくさそうに話しました。
天敵《てんてき》を中心にしたIPM《アイピーエム》で、新品種「あまおう」の高設栽培《こうせつさいばい》をする——。
その挑戦《ちょうせん》は三年目でどうにか、ひとつの目標達成にたどりつきました。
「課題はまだある。だけどやっぱり、うれしいよなあ」
ケンさんはすなおによろこびました。
ハウスには、あまいかおりが満ちています。
ケンさんは、まっかに色づいた丸くて大つぶのイチゴをひとつ、口に入れました。

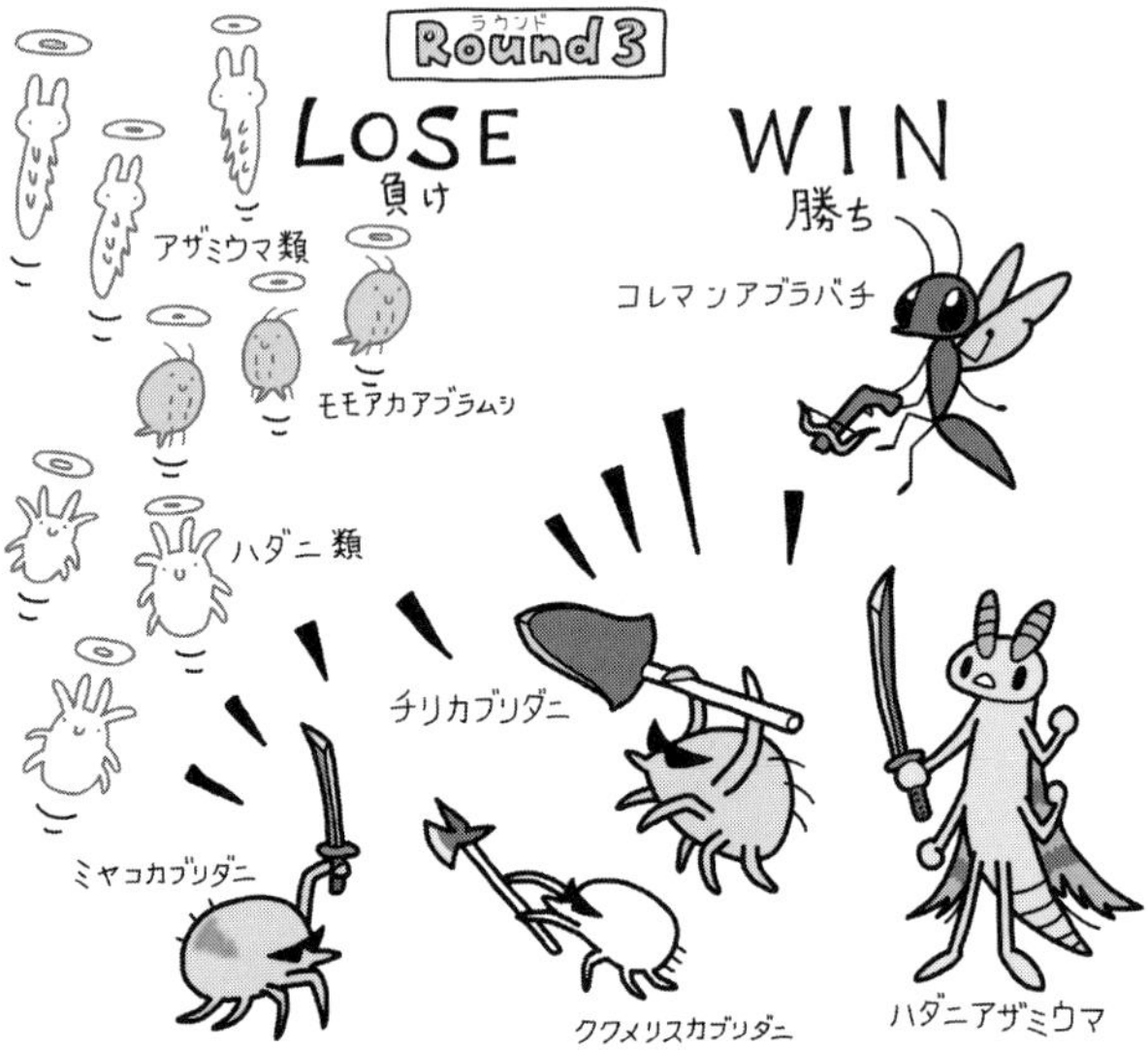

11 毎日が学びの日

最初の三年間でいくらかの成功と自信を得《え》たケンさんですが、不満はまだまだありました。五種類にふえた天敵《てんてき》たちのおかげでしかないとの思いが強かったからです。

「ほんとうの勝負は、これからだ」

ケンさんはそれからもずっと、毎日の観察に力を入れています。

ハウスの番号や三種類の旗、新しい殺虫剤《さっちゅうざい》の登場によって、広いハウスなのに、めりはりのある対応《たいおう》ができるようになりました。ここはあやしいぞと思えるところを中心に、じっくり観察する毎日です。

害虫を根絶《ねだ》やしにする必要はありません。すこしぐらい葉がかじられても、イチゴの実にきずがついても、品質《ひんしつ》を落とすほどでなければ許《ゆる》せます。害虫がまったくいないようにするなら、従来《じゅうらい》どおりの農薬散布《さんぷ》をすればいいのです。

でも、それでは農薬を減《へ》らせません。まく手間もかかります。同じ農薬を使い続ければ害虫に抵抗力《ていこうりょく》がつき、さらに強い農薬が必要になります。何度使っても害虫をパワーアップさせない「生きている農薬」なら、その心配はありません。

それで、農業界にＩＰＭ《アイピーエム》という新しい理論が生まれました。おいしいイチゴを育てるさまたげにならない程度《ていど》に害虫や病気をおさえるのがＩＰＭ《アイピーエム》の考えかたです。そしてそれこそが、ケンさんのめざす農業でもあったわけです。

二〇一九年の春、ぼくは久しぶりにケンさんのハウスをたずねました。ケンさんに初めて会ってから、数年が過《す》ぎています。

足元には、黒い雑草防止《ざっそうぼうし》シートがしきつめられています。

なにげなく、ハウスの骨組《ほねぐ》みをおおう目の細かいあみをながめました。それは害虫が入りこまないようにしたものです。

高設栽培《こうせつさいばい》システム、暖房《だんぼう》のための加温機、あたためた空気を送る温風ダクト、細かい霧状《きりじょう》の水をまくスプリンクラー……。ハウス内には、すっかり見慣《みな》れた景色が広がっています。

ケンさんはこれまで、いろいろな人に支《ささ》えられ、多くのことを学んできました。歩きながら考え、考えながら前に進むのがケンさんのやりかたです。

三度目の挑戦《ちょうせん》がうまくいったあとも、小さな失敗は何度か経験《けいけん》したそうです。それでも、まったく収穫《しゅうかく》できないということはありませんでした。

「大切なのは、その失敗を次にどう生かすかということだね」

天敵《てんてき》の利用を中心にしたIPM《アイピーエム》に取り組んでめざすのは、おいしいイチゴの栽培《さいばい》です。害虫とたたかう一方で、高設栽培《こうせつさいばい》の勉強会があれば参加し、うでをみがきました。

ケンさんは収穫《しゅうかく》したすべてのイチゴをJA《ジェイエー》（農協）に出荷し、ほかの農家から運ばれたものといっしょに売ってもらっています。そのため、IPM《アイピーエム》に取り組むイチゴだからといって特別あつかいされることはありませんが、栽培《さいばい》仲間からの評価《ひょうか》は高く、ケンさんの自信につながっています。

「殺虫剤《さっちゅうざい》を使わないからだと思うけど、受粉《じゅふん》しないイチゴの割合《わりあい》がよそよりもうんと低いんだ」

どうやら、ミツバチが大活躍《だいかつやく》しているようです。害虫が発生するたびに農薬をまかれては、ミツバチも安心できません。そうなれば花粉《かふん》が運ばれず、受粉《じゅふん》しにくくなります。花粉《かふん》がめしべにしっかりつけば、実がいびつな形になることもなく、丸くてきれいなイチゴができます。

評判《ひょうばん》がいいからといって、ケンさんが勉強をおこたることはありません。

おかしな天気が続くと、イチゴのようすもいつもとはちがってきます。

そんなときはイチゴづくりを始めたころと同じように、早くから高設栽培《こうせつさいばい》に取り組む先輩《せんぱい》の農家をたずねて、相談に乗ってもらいます。そしてそのアドバイスにしたがい、温度を調整したり、水のやりかたを変えたりして危機《きき》を乗り切ります。

ハウス内を飛びまわって花粉《かふん》をつけていくミツバチ。そのおかげで受粉《じゅふん》が確実《かくじつ》になる

ケンさんの家族写真シールをはった「あまおう」

あるときは、炭《たん》そ病《びょう》にかかりました。

土を使わない苗《なえ》づくりをし、病気には十分に気をつけていたので、理由がわかりません。

ちょっと見ただけでは健康な株《かぶ》とのちがいがわからず、手おくれになって枯《か》れるものも出てきました。

さすがのケンさんもこのときばかりは、頭をかかえました。

「いやあ、まいったぞ。どうすればいいのだろう」

一株《かぶ》や二株《かぶ》なら、その株《かぶ》を捨《す》てればすみます。しかし、ハウス内を見てまわると、葉に黒い点が浮《う》き出たり、黄ばんだりしている株《かぶ》が、あちらにもこちらにも見つかりました。それが炭《たん》そ病《びょう》の症状《しょうじょう》です。

大急ぎで先輩《せんぱい》の農家に相談しました。

「炭《たん》そ病《びょう》はやっかいな病気だから、しっかり手を打たないといけないよ」

「これ以上広げないためには、どんな方法がありますか?」

「見た目は元気そうでも、まわりの株《かぶ》も病気にかかっていると考えたほうがいいね」

「というと……」

「思い切って、多めに処分《しょぶん》するんだ」

大切に育ててきた株《かぶ》です。残念でしかたがありません。

でも、残りの株《かぶ》を救《すく》うには、それしか手はないようでした。

ほかの株《かぶ》にうつさないために必要な作業です。ケンさんは一気に、千株《かぶ》も捨《す》てました。

さすがに、がっかりです。しかし、その判断《はんだん》が正しかったことは、その後、病気が広がらなかったことで証明《しょうめい》されました。


ある夏には、こんなことがありました。

いつものように苗《なえ》のようすを見に行くと、おかしなにおいがしていました。

「ん？　なんだろう」

鼻をくんくんさせて苗《なえ》を調べていくと、根の焼けた株《かぶ》がいくつも見つかりました。そのせいでハウスの中に、くさったようなにおいがただよっていたのです。

さっそく、先輩《せんぱい》を頼《たよ》りました。

「ははあ。それは温度のせいだな。三十八度を超《こ》すと、そんなことがあるんだよ」

「打つ手はありますか？」

「ああ、あるとも。ポットから苗《なえ》を出して、外の新鮮《しんせん》な空気に当てればだいじょうぶだ」

「ありがとうございます。さっそく試してみます！」

根焼けを起こしてだめになった二千株《かぶ》は捨《す》てましたが、とてもいい助言を受けたことにケンさんは感謝《かんしゃ》しました。それ以来、温度が高くなるときにはそのやりかたを試しています。

「実際《じっさい》に高設栽培《こうせつさいばい》に取り組んでいる人でないと、わからないことは多いんだ。先輩《せんぱい》たちにはほんとうによく、助けてもらっているよ」

ケンさんにしてはめずらしく、静かにうなずきました。

高設栽培《こうせつさいばい》やＩＰＭ《アイピーエム》はもちろん、なにごとに対しても全力投球のケンさんです。でもなぜか、必死にがんばっている、という印象がありません。

どこかひょうひょうとしていて、気持ちにゆとりがあります。それがさらに前に進むための力になっているのかもしれません。


まったくの手さぐりで始めたケンさんのイチゴ栽培《さいばい》でしたが、四年目からは、天敵《てんてき》との基本的な付き合いかたがわかってきました。

いまでは頭の中に、自分なりの〝教科書〟を持っていると言います。

一、屋外の苗《なえ》づくりはハダニアザミウマに助けてもらい、定植前のハウスには農薬をまいて、害虫がいないようにしておく。
二、それから苗《なえ》を持ちこんで植え、バンカープランツの小麦を用意する。それが、アブラムシに寄生《きせい》するコレマンアブラバチをふやすための〝銀行〟になる。
三、チリカブリダニやミヤコカブリダニ、ククメリスカブリダニなどの天敵《てんてき》を放すと虫たちがそれぞれの得意分野で力を発揮《はっき》し、害虫が少ない状態を保《たも》ってくれる。
四、それでも被害《ひがい》が出るときには、必要なところにだけ、天敵《てんてき》に影響《えいきょう》の少ない農薬を使う。
五、異常《いじょう》のある場所がすぐわかるように、ハウスの棟《むね》ごとに番号をつけたり、病害虫の発生株《かぶ》であることを示《しめ》す旗を立てたりする。

そうやって育てたイチゴは、「あまおう」の名前にふさわしい実をならせるようになりました。


「とりあえず、このやりかたでいけそうだな」

そう思えるようになったのは、四年目の収穫《しゅうかく》を終えたころでした。

そして、「もう安心だ」と言えるようになるまでには、さらに数年かかりました。

研究者にすすめられた天敵《てんてき》は試験的に使い、ようすを見ながら、自分のハウスに合うものを選んできました。

ここ数年は十一月になるとコレマンアブラバチの用意にとりかかり、リモニカスカブリダニという新たな天敵《てんてき》ダニとチリカブリダニ、ミヤコカブリダニを入れます。そして年が明けて一月上旬《じょうじゅん》にはチリカブリダニを追加し、春先に向けてふえるダニに備《そな》えるようにしています。

農業試験場などの研究にも、よろこんで協力します。

その試験結果から判断《はんだん》すると、農薬だけに頼《たよ》る栽培《さいばい》よりも、ケンさんのＩＰＭ《アイピーエム》のほうが安上がりだということも明らかになりました。虫たちのはたらきが、研究室だけでなく、ひぐち農園という農家でも認《みと》められたことになります。

「天敵《てんてき》は、従来《じゅうらい》の農薬にくらべるとまだ高い。だけど、散布《さんぷ》の手間や受粉率《じゅふんりつ》の高さなどから総合的《そうごうてき》に判断《はんだん》すると、安くつくということだよ」

とてもうれしい報告《ほうこく》です。口のきけない虫たちですが、ケンさんの明るい表情《ひょうじょう》を見て、自分たちのはたらきをほこらしく思っているのではないでしょうか。

ケンさんのめざす最終的なゴールは、いったいどこなのでしょう。

気になって聞いてみました。

すると、意外な答えが返ってきました。

「ゴール？　それは考えたことがないなあ。だんだん、レベルアップしているとは思うんだけど……」

どうしたのでしょう。天敵《てんてき》を使いこなすとか、高設栽培《こうせつさいばい》で「あまおう」を育てるとか、総合的《そうごうてき》な管理方法であるＩＰＭ《アイピーエム》を進めるとか、目標はいくつかあったはずです。それなのに、考えたことがないなんて、ふしぎでなりません。

そんなことを話すと、ケンさんはこう続けました。

「リモニカスカブリダニを試験的に使わせてもらった二〇一八年の結果を見て、びっくりしたんだ。全体を通して、殺虫剤《さっちゅうざい》をゼロにできたんだからね」

さらっと話してくれましたが、この取り組みを始めたときには、とても考えられなかったそうです。

「これからは、実際《じっさい》に経験《けいけん》したことを、もっと多くの農家に広めたいね。それでおたがいに情報《じょうほう》をやりとりすれば、さらに安定した技術《ぎじゅつ》になっていくと思うんだ」

そうです。それでこそ、われらのケンさんです！

ゴールを考えたことがないということは、常《つね》に、さらに改善《かいぜん》していきたいという気持ちのあらわれでしょう。いままでと同じように、新しいことにはためらわず挑戦《ちょうせん》する気持ちでいるようです。

六十代、七十代の農家の人たちが現役《げんえき》ではたらく中ではまだ若《わか》いケンさんですが、ときにはしみじみと思うそうです。

「ふりかえってみると、天敵《てんてき》やＩＰＭ《アイピーエム》との出合いは、人との出会いだったような気がするんだ」

ケンさんは、人とのつながりに支《ささ》えられてきたとの思いが強いと言います。

新品種での慣《な》れない高設栽培《こうせつさいばい》、使いかたが確立《かくりつ》されていないイチゴの天敵《てんてき》農法やＩＰ《アイピー》Ｍ《エム》に取り組みながら、人とのふれあいを大切にしてきました。

ケンさんに会った人はだれもが、その人柄《ひとがら》の良さにほれこみます。

「この人のためなら、力になりたい」。そう考える人が多いようです。

それは、ケンさんの思いでもありました。

いつだって、自分ができることならなんでも協力したいと考えます。

人からしてもらったことは、立場を変えれば自分がしたはずのことでもあるからです。

「イチゴの天敵《てんてき》農法をしているそうですね。ハウスを見せてくれませんか」

苦労しながら、すこしずつ進めてきた最新式の栽培《さいばい》方法です。かんたんには見せたくないという人もたくさんいます。そしてそれは、決して責《せ》められることでもありません。

ところがケンさんは、こころよく受け入れます。

「どうぞ、どうぞ。なんでも聞いてください」

なにかを始めなければ、なにも得《え》られない。

それがケンさんの基本的《きほんてき》な考えです。人と接《せっ》することで、新しい情報《じょうほう》も手に入ります。

イチゴハウスの前で、集まった見学者に説明をするケンさん（右端《みぎはし》）Ⓗ

ケンさん（左端《ひだりはし》）は、自分のイチゴ栽培《さいばい》についてかくすことなく話すⒽ

ところが、よその人をハウスに入れると、思わぬトラブルに巻《ま》きこまれることもあります。

たとえば、こんなことがありました。

いそがしい収穫《しゅうかく》の時期でしたが、いつものようににこやかに見学者を受け入れ、ハウスの中で自分のイチゴづくりについて話しました。天敵《てんてき》を利用した「あまおう」の高設《こうせつ》栽培《さいばい》を見学した人たちは、あれこれ質問《しつもん》をしてから帰りました。

異変《いへん》に気づいたのは、その数日後です。その人たちが立っていた通路の株《かぶ》にだけ、ハダニ類の発生が目立ったのです。

「おかしいなあ。どうしたんだろう？」

けげんそうな表情《ひょうじょう》でようすを見ていて、はっとしました。

「そうか。あの見学のときだ！」

ハダニ類は、ルーペで見てやっとわかるくらいの小さな生きものです。だれかの洋服についてハウスに入ってきたのだと、ケンさんは推理《すいり》しました。

「いやあ、まいった。だいじょうぶかなあ」

不安になりながらも葉のうらがわをていねいに調べると、ミヤコカブリダニとチリカブリダニが見つかりました。

「おまえたち、いてくれたか。頼《たよ》りにしているぞ」

それから何日かようすを見ていると、ハダニは目に見えて減《へ》っていました。

ちょっとおどろいたケンさんですが、思わぬかたちで、天敵《てんてき》たちのはたらきぶりをたしかめることができました。

この話にはまだ、続きがあります。

その小さな事件《じけん》から三か月がたったころ、またもやハダニの目立つ株《かぶ》が見つかりました。もう解決《かいけつ》したと思っていた事件《じけん》が再発《さいはつ》したような気分です。

「しまった。油断《ゆだん》しすぎたかな」

もうすこしきちんと観察すべきだったと反省しながら、ルーペをのぞきました。

すると――。

ハダニアザミウマや、ハダニタマバエの幼虫《ようちゅう》、ヒメハダニカブリケシハネカクシという見慣《みな》れない虫までいて、ハダニを食べていました。いずれも害虫ではなく、ハダニの天敵《てんてき》になる虫たちでした。

「いやあ、おどろかせるなよ」

とりこし苦労だったとわかり、とりあえず、ほっとしました。専門家《せんもんか》に見てもらうと、ふつうは果樹園《かじゅえん》にいる虫だということも判明《はんめい》しました。

それにしてもそれらがいつ、どうやってハウスに入ってきたのでしょう。

それは、はっきりしません。ケンさん自身がどこかから持ちこむ可能性《かのうせい》もないわけではありませんが、おそらくは、たびたび受け入れる見学者の服にくっついて入りこんだのだろうと思いました。ハウスを見学する人たちは、害虫だけでなく、こんな珍客《ちんきゃく》を連れてくることもあるようです。

「もしかしたら、うちのイチゴハウスが気に入ったのかもしれないな」

ハダニタマバエの幼虫《ようちゅう》はとくに、ハダニ類をやっつける能力《のうりょく》が高いそうです。ケンさ

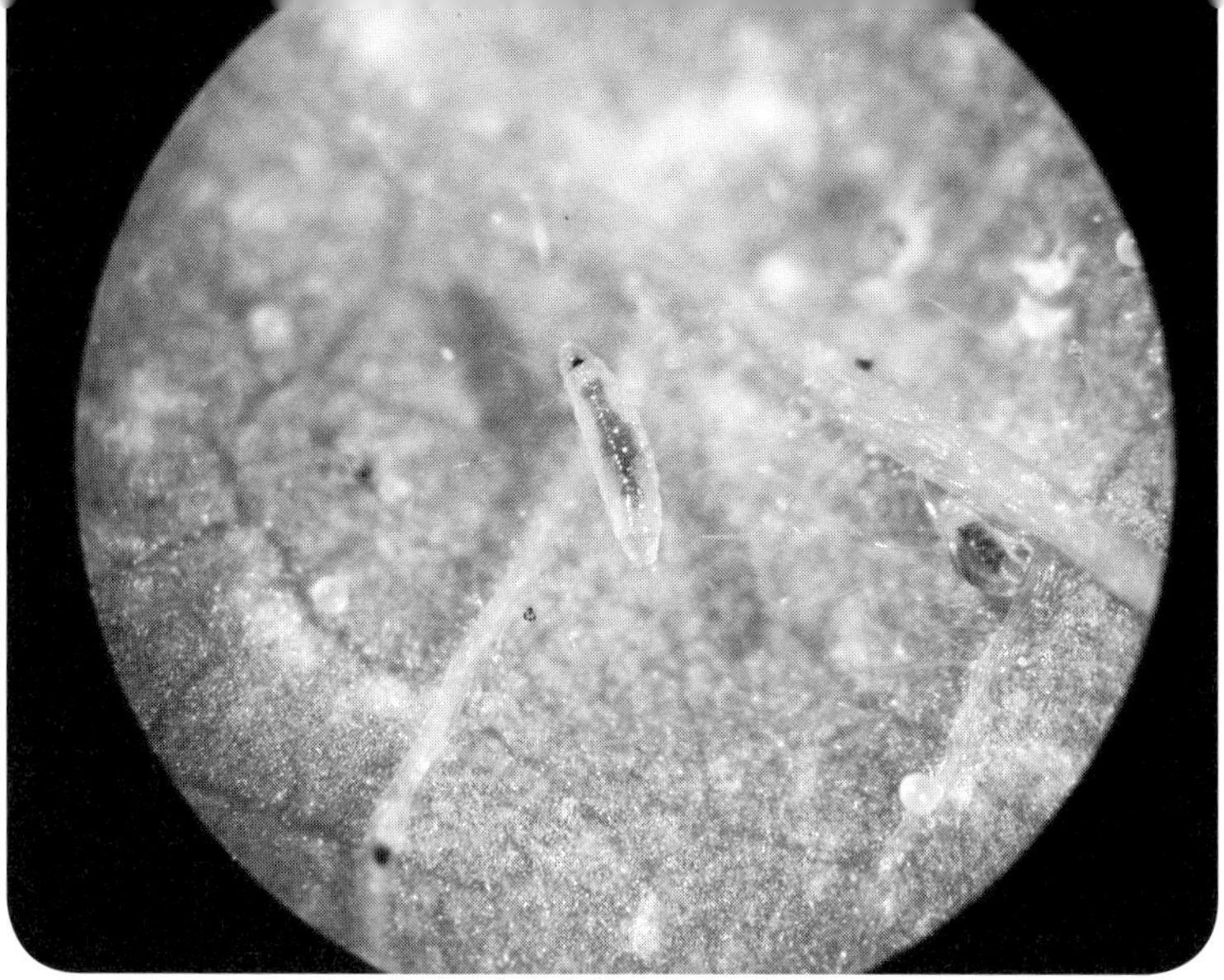

ハダニ類の天敵《てんてき》・ハダニタマバエの幼虫《ようちゅう》。知らないうちにハウスに入りこんでいたⒽ

ショクガタマバエの幼虫《ようちゅう》。これもアブラムシ類の天敵《てんてき》としてはたらくⒽ

んがわざわざ入れているカブリダニ類より食欲《しょくよく》がおう盛《せい》だということも教えてもらいました。

そんなに優秀《ゆうしゅう》な虫なら、イチゴ栽培《さいばい》にも積極的に取り入れたいところです。でも残念なことに、イチゴには定着しにくい虫で、最低気温が五度を下回ると、はたらかないといわれました。

いずれにしても、当たり前のように農薬を使っているイチゴハウスではたぶん、見られません。農薬をほとんど使わない環境《かんきょう》だからこそやってきた虫のお客さんだったようです。

こうした出来事もたまには起きますが、ケンさんはいやな顔ひとつせず、だれかに受けた恩《おん》をだれかに返すことを続けています。

12 イチゴハウスを飛び出して

ケンさんの長女の明莉《あかり》ちゃんが八女市立長峰《やめしりつながみね》小学校に入学したのは、二〇一七年です。

その学校はケンさんの母校でもあり、ケンさんの恩師《おんし》がちょうど、校長をしていました。

そんなこともあってケンさんはたびたび、学校に顔を出すようになりました。

ある日のこと、校長先生が言いました。

「じつは困《こま》ったことが起きたのだけど……」

「どうされたんですか?」

話を聞くと、五年生の田んぼの米づくり体験が続けられないというのです。それまで何年も助けてくれた人に事情《じじょう》ができて、やめることになったためでした。

ケンさんは明るい表情《ひょうじょう》で言いました。

「そういうことならぜひ、お手伝いさせてください！」

「引き受けてもらえるなら、とてもありがたいよ」

こうしてケンさんは、母校の田植え教室を手伝うことになりました。

六月に田植えをし、九月ごろ一回だけ草とり体験をしてもらい、十月に刈《か》りとります。

そんな取り組みをしながら、ケンさんはこう考えました。

「田植えや稲《いね》刈《か》りだけで終わらせるのは、もったいない。もっとなにか、新しいことができないかなあ」

頼《たの》まれたことだけ、予定されたことだけで満足できないのが、ケンさんの性格《せいかく》です。

「せっかく米づくりをしたのだから、売ることも体験してもらったらどうでしょう」

校長先生にさっそく、相談です。

「もしかしてそれは、児童が米を売るということかね？」

「はい。そのとおりです」

当然のような顔をしてうなずくケンさんにちょっとおどろいた校長先生ですが、すぐに「それはいい経験《けいけん》になるね」とよろこんでくれました。

ケンさんは子どもたちと米の予約販売券《はんばいけん》をつくり、家族や知り合いの人たちに宣伝《せんでん》してもらいました。

そして、やってきた販売《はんばい》の日。多くの人たちの理解《りかい》を得《え》て、一袋《ふくろ》五キログラム入り二千円の米が百五十袋《ふくろ》もさばけました。

「どうせやるんだから、もっともっと、たのしみがあるといいよね」

そう考えたケンさんは、ポン菓子《がし》づくりの機械を買ってきました。そして、ポーン、パッカーンと大きな音をさせて、かわいらしい袋《ふくろ》に入ったポン菓子《がし》をつくりました。

一袋《ふくろ》百円で、三百袋《ふくろ》。

もちろん、完売です。

こうした取り組みはその後も続き、体験田んぼの名前「ガッツ田」からとって、「ガツ米」と呼《よ》ばれるようになりました。

初めのうちは数人で取り組みましたが、児童は約六十人。助けてくれる人がもうすこしいないと、けっこう、大変です。

そんなとき、田植え体験に参加していた児童のお母さんが言いました。

「うちの子は農業高校に通っているんです。手伝えるかどうか、聞いてみますね」

「うれしいなあ。そうしていただけると助かります」

協力してもらえそうだというのでケンさんは高校に出かけ、自分たちがしてきたことを紹介《しょうかい》する新聞記事や写真を先生や生徒に見てもらい、協力を呼《よ》びかけました。

「ぼくたちで良ければ――」

そのひとことで、いまではすっかり、ケンさんたちの仲間です。

「ほんと、助かるよ。無理をしていたら、長続きしないからね」

ケンさんの行動力は、まわりの人びとの心を動かし、輪を広げます。

その「ガッツ米」を始めた二〇一七年七月には、福岡県《ふくおかけん》と大分県《おおいたけん》を中心とする地域《ちいき》に大雨が降《ふ》り、大きな被害《ひがい》をもたらしました。「九州北部豪雨《ごうう》」と名づけられた記録的な大災害《だいさいがい》です。

川があばれてはんらんし、家や畑に大量のどろが入ったり、農道がくずれたりしました。土砂《どしゃ》でおしつぶされたハウスもありました。

ケンさんのハウスもひざまで水につかり、ポンプやモーターなどが動かなくなって相当な被害《ひがい》を受けました。高いところで育てていたおかげで、イチゴの苗《なえ》は幸いにもすべて無事でした。

でも、たいへんな豪雨《ごうう》です。自分よりもっと大きな被害《ひがい》を受けた農家があるはずです。

そう思うと、じっとしていられません。

「困《こま》っている人たちがいる。すこしでも手助けになることをしないか」

すぐさま、仲間に呼《よ》びかけました。

ＪＡ《ジェイエー》には青年部という組織《そしき》があり、ケンさんはそのとき、委員長をしていました。

「うん、行こう！」

「困《こま》ったときはおたがいさまだ」

地区ごとに五人ずつのメンバー三十人でチームを組み、ボランティアとして災害地《さいがいち》の後かたづけを手伝いに行きました。

期間はおよそ二週間。茶畑やハウスの中に入った土砂《どしゃ》をとり除《のぞ》き、折れ曲がったパイプハウスのかたづけやみぞにたまったどろを運び出す作業にあせを流しました。

こうと思ったら、迷《まよ》わず、すぐに動きます。それが行動の人、ケンさんなのです。

福岡県《ふくおかけん》の依頼《いらい》で、イチゴ狩《が》り体験を受け入れることになりました。日ごろ、お世話になっている農業改良普及《ふきゅう》センターからの紹介《しょうかい》でした。

ケンさんにとっては、恩返《おんがえ》しの機会にもなります。ふたつ返事で引き受けました。

するとそれをきっかけに、東京のレストランから、別の相談が持ちこまれました。

「料理人たちに、ＩＰＭ《アイピーエム》の取り組みについて話してもらえませんか」

ケンさんの答えはもちろん、決まっています。

2017年の九州北部豪雨《ごうう》のときには、仲間と災害《さいがい》ボランティアをしたⒽ

「よろこんでやらせていただきます」

すぐさま上京し、あまり知られていないＩＰＭ《アイピーエム》がどういうものかを、日ごろの作業体験とともに話しました。

天敵《てんてき》生物を使い、雑草《ざっそう》も生えないようにする新しい農業のやりかたであること、だからといってまったく農薬を使わないわけではなく、必要なときにはほんとうに必要なだけ利用するといったことを話しました。

もう何度も、いろんなところで話してきた内容《ないよう》です。でもそうやって話すことで気づかされること、次へのヒントをもらうことが多いようです。

それでも、「天敵《てんてき》を使ってみたけど、あれはだめだね」と効果《こうか》を否定《ひてい》する人たちもいるのはたしかです。イチゴのＩＰＭ《アイピーエム》をもっと広めたいと考えるケンさんにとっては、残念な話です。

そんなとき、農業の専門誌《せんもんし》への原稿《げんこう》依頼《いらい》が舞《ま》いこみました。ＩＰＭ《アイピーエム》の体験談を書いてほしいというのです。

取り組みを進めるチャンスです。ケンさんはさっそく、こんなふうに記しました。

「失敗には必ず原因《げんいん》がある。それをきちんと調べて次につなぐことがＩＰＭ《アイピーエム》成功への第一歩だ。一度や二度の失敗であきらめないで」

それはまさに、ケンさんが自分自身で通ってきた道でもあるからです。

その後も依頼《いらい》は多く、ついには福岡県全域《ふくおかけんぜんいき》のイチゴ栽培《さいばい》を指導《しどう》する人たちがケンさんのハウスを見学に来るまでになりました。

そんなふうに何度も視察《しさつ》を受け入れ、体験したことを話し、原稿《げんこう》を書いてより多くの人に訴《うった》えます。その一方で、学校の米づくり体験も続けています。

ほとんどゼロから出発したのが、ケンさんのイチゴ栽培《さいばい》でした。

それなのに、ＩＰＭ《アイピーエム》への道が開けたことが自信になり、活動の輪がどんどん広がってきたのです。

自慢《じまん》の「あまおう」はドライフルーツにもして、ホテルとの取引を始めました。

母校の「ガッツ米」のために買った機械をもっと活用しようと、ポン菓子《がし》の商品化も実現《じつげん》させました。

健康食材としてヒマワリに似た花を咲《さ》かせるキクイモが注目されていると聞き、栽培《さいばい》するだけでなく、加工販売《はんばい》にも乗り出しました。乾燥粉末《かんそうふんまつ》から始まり、お茶、ピクルス、お菓子《かし》などの商品を開発しています。しかも仲間をつのって、組合までつくりました。

消費者《しょうひしゃ》の意見が直接《ちょくせつ》聞ける観光イチゴ園もいつか開きたいと考えています。

ほとんどフル回転、休みなしです。

それなのにケンさんはいつだって、とてもうれしそうに話してくれます。

「それもこれも、天敵《てんてき》と付き合うようになったのがきっかけだと思う。だから天敵《てんてき》たちには、いつも感謝《かんしゃ》しているんだ」

虫には、人間のことばはわかりません。でも、なんとかして虫たちのことを知りたいと思って前に進んできたケンさんの心の持ちかたが、次第《しだい》に人間にも広がっているようです。

ポン菓子《がし》をつくるために購入《こうにゅう》した機械

あまい「あまおう」㊧やキウイフルーツのポン菓子《がし》も考案した

ドライフルーツにした「あまおう」㊧とキクイモの粉末《ふんまつ》も商品化した

ケンさんはいま、イチゴづくりとは別の新たな目標をかかげています。食農教育です。

始まりは、軽い気持ちで引き受けた母校の米づくり体験への協力でした。それが時間の経過《けいか》とともに、農業をするケンさん自身の大きなテーマになってきたようです。

「未来を生きる子どもたちに、食べものの大切さや栽培《さいばい》・収穫《しゅうかく》のよろこびを、もっともっと知ってもらいたいんだ」

ケンさんはそう話し、地元で始めたような取り組みが全国に広がってほしいと願っています。それにはテレビ局も関心を示《しめ》し、年間を通した密着《みっちゃく》取材の計画も持ち上がりました。

そうやって多くを巻《ま》きこみ、ケンさんの思いはイチゴハウスを飛び出したかのようです。ますます遠くへ、広いところへ向かおうとしています。

だれからも学び、学んだことでだれかにお返しをする――。

その気持ちがケンさんを動かす力のみなもとです。

だから、休みなしでもまったく気になりません。いつもにこにこ、動きまわります。

さあ、ケンさんの次の挑戦《ちょうせん》はなんでしょう。

きっと、もっと、もっと、たのしいことが待っているのでしょうね。

ケンさんの家族。写真左からケンさん、長男の朝大《あさひ》くん、長女の明莉《あかり》ちゃん、妻《つま》の夕子《ゆうこ》さん。2020年7月には、次女の夕桔《ゆうき》ちゃんも誕生《たんじょう》したⒽ

あとがき

ケンさんのイチゴづくり、どうでしたか。ぼくにはとてもまねできませんが、そのひたむきさには学ぶことが多いように思います。

「挑戦《ちょうせん》」ということばはよく聞きますが、うまくいくとは限《かぎ》りません。でもケンさんはピンチのときにもへこたれず、いつも明るいのです。失敗してもいい、それが明日へのヒントになるという考えかたがとてもすばらしいと思います。

おとなになると、知らないとか、できないとか言いにくくなります。それなのにケンさんは、知らないことは知らないと言い、わからなければだれにでも教わろうとします。とにかくやってみようという行動力には、ほんとうに頭が下がります。一歩を踏《ふ》みださないとなにも始まらないということを、ぼくはケンさんから学びました。

きっと、そういう性格《せいかく》なんだろうね、と言う人がいるかもしれません。でも、それはちがいます。心の持ちかたひとつで、新しい道がひらけるのではないでしょうか。イチゴづくりを通してケンさんは、そういうことも教えてくれました。

ケンさんのような人がいることを、ぼく自身が好きな虫を使った新しい農業のやりかたとからめて、知ってもらいたいと思いました。いつも食べているイチゴがどうやって栽培《さいばい》されるのかを知るのにも、良い機会ですしね。

自分の努力で得《え》たことは、自分のものでしょう。だって、それだけ苦労したのです。でもケンさんは、自分だけのものにしません。だれかの力を借りて実現《じつげん》したことがあれば、それをだれにでもあたえようとします。「困《こま》ったときはおたがいさま」「情《なさ》けは人のためならず」ということわざがありますが、ケンさんはそれを自らの行動で示《しめ》しているのです。

どうですか。ぼくはこんなふうに思いますが、いろんな受け止めかたがあっていいのです。みなさんが自分なりに感じたことを、どうか大切にしてください。

それにしても、イチゴっておいしいよね。ケンさんに付き合ったことで、ぼくはますますイチゴが好きになりました。それなのに、自分ではなかなかうまく育てられません。どこが良くないのか、それを見つけることがぼくの挑戦《ちょうせん》の第一歩になりそうです。

家庭菜園の虫を見ながら――谷本雄治

谷本雄治（たにもと・ゆうじ）

名古屋市生まれ。プチ生物研究家。ご近所の虫・植物との付き合い多く、それらを素材にした読み物、食農ノンフィクションなどを手がける。主な作品に『ご近所のムシがおもしろい！』（岩波書店）、『ぴょんぴょんむし』（岩崎書店）、『ザリガニがきえる!?』（ポプラ社）、『野菜を守れ！ テントウムシ大作戦』（汐文社）、「ちいさないきものずかん」シリーズ（童心社）、『ぼくらの津波てんでんこ』（フレーベル館）などがある。

イラストレーション
いずもり・よう

特別協力
樋口賢治（ひぐち農園）

写真協力
アリスタ ライフサイエンス株式会社 Ⓐ
樋口賢治 Ⓗ

フレーベル館ノンフィクション③

ケンさん、イチゴの虫をこらしめる
「あまおう」栽培農家の挑戦！

2020年10月 初版第1刷発行
2021年5月 初版第2刷発行

著者 谷本雄治
発行者 吉川隆樹
発行所 株式会社フレーベル館
〒113-8611 東京都文京区本駒込6-14-9
電話 03-5395-6613（営業）
03-5395-6605（編集）
振替 00190-2-19640
印刷所 凸版印刷株式会社

184ページ 20×14cm NDC916
ISBN978-4-577-04923-5

フレーベル館ホームページ https://www.froebel-kan.co.jp

装丁 阿部美樹子